혜담(慧潭)

부산 금정산 범어사에서 광덕 스님을 은사로 득도했다.
동국대학교 불교대학 승가학과 졸업, 칠불선원과 해인사
선원 등에서 참선 수행, 해군 군종법사 대위로 전역했다.
불광사 불광법회 지도법사를 지낸 후 일본으로
유학하여 붓쿄(佛敎)대학 대학원 석사과정을 수료했다.
조계종 총무원 홍보실장, 소청심사위원, 호법부장,
재심호계위원을 역임했다. 검단산 각화사 주지,
군법사후원회 초대회장, 선우도량 공동대표, 불교신문
논설위원, 경향신문 정동칼럼 필진을 지냈으며, 현재
불광사 선덕(先德) 소임을 맡고 있다.
역서 및 저서로는 『대품마하반야바라밀경』(상·하),
『반야불교 신행론』, 『신 반야심경 강의』,
『방거사 어록 강설』, 『행복을 창조하는 기도』 등이 있다.

그대의 마음을 가져오라

그대의 마음을 가져오라

달마와 혜능 그리고 선

혜담 지음

출가 입산하여 수행자의 길을 가는 사람은 그 발심의 동기를 여러 곳에서 찾을 수 있을 것입니다. 그 가운데는 개인적인 것이든 사회적인 것이든 심각한 고뇌에 빠져서 자기가 안고 있는 어려움을 세간 법에 호소해도 풀리지 않고, 또 다른 종교에 의지해도 해결되지 않아서 출가한 분도 있을 것입니다. 저 역시 20대 초반에 인간의 삶에 많은 회의(懷疑)가 들어서 부처님을 찾았습니다. 어떻게 사는 것이 인간답게 사는 길인가? 선현들이 제시한 여러 가지 바람직한 길 가운데 어느 것이 맞는 것인가? 이러한 고민 속에서 저를 움직인 것이 부처님 말씀이었습니다. "위로는 깨달음을 구하고, 그 깨달음을 바탕으로 다른 사람들을 구제한다."는 상구보리(上求菩提) 하화중생(下化衆生)이라는 불교의 가르침이 제 마음에 와 닿아서 출가를 하고 수행을 시작했습니다.

그러나 불교의 수행에는 많은 방법이 있었고, 그 방법 중 어느 것이 가장 훌륭한 것인지 알 수가 없었습니다. 선배 스님들의 발자국을 따라서 경학도 배우고 참선도 하고 주력도 하면서 관세음보살 기도도 했습니다. 그러다 은사인 광덕 큰스님이 주창하고 있는 순수불교인 마하반야바라밀 염송수행을 만났습니다.

은사스님께서는 몇 차례인가 법상에서 법문을 하셨습니다.

"부처님의 가르침이 틀림없이 무상(無常)·고(苦)·공(空)·무아(無我), 혹은 부정(不淨)·무상(無常)·무아(無我)이긴 하지만, 이것은 현상에 대해서 범부들이 집착하기 때문에 범부들의 그릇된 생각을 버리게 하기 위해서 말씀하시는 것이지, 당신이 깨달은 궁극적인 진실을 말한 게 아니다. 부정(不淨)에 대한 가르침, 고(苦)의 가르침, 무상(無常)의 가르침은 불법이며 부처님의 말씀이긴 하지만 부처님의 진실한 깨달음 자체는 아니다. 그러면 부처님 법문에서 무엇이 진실인가? 아시다시피 부처님은 법신(法身)이다. 번뇌가 다하고 번뇌가 끊어진 것이 아니라 번뇌가 본래 없다는 것을 깨달은 것이다. 즉, 실제로 부처님께서 깨달은 법문은 상락아정(常樂我淨)이다. 부처님의 깨달음 자체를 믿는 것을 순수불교라고 한다."

소납(小衲)은 은사스님이 말씀하시는 '순수불교'를 어떤 수행을 통해서 찾을 것인가 하는 생각을 많이 했습니다. 그래서 처음 시작한 것이 반야바라밀을 학문적으로 연구하기 위한 일본유학이었고, 일본에서 『대품반야경(大品般若經)』을 공부하고 귀국하여 『반야불교 신행론』이라는 책도 집필했습니다. 그러나 순수불교는 마음에 잡히지 않았습니다. 그래서 생각한 것이 '조사어록'을 통한 수행이었습니다.

10여 년을 『벽암록(碧巖錄)』 『종용록(從容錄)』 『무문관(無門關)』 등의 조사어록에 매달렸습니다. 조사스님들이 남긴 화두가 곧 저의 화두가 되었습니다. 마하반야바라밀 염송과 간화선(看話禪)의 화두 참구로 20년 가까운 시간을 보내면서 깨달음이 아닌 것을 깨달음으로 착각하여 도인이 된 것처럼 불교방송국에서 『반야심경』을 강의하기도 했습니다. 이렇게 많은 우여곡절 끝에 반야바라밀에 눈이 조금 열렸다는 생각이 들었습니다.

그러나 이미 제 나이가 70을 눈앞에 두고 있습니다. 죽기 전에 소납이 수행 과정에서 실패했던 경험들을 후배 수행자들이 똑같이 겨지 않게 해야겠다는 생각이 들었습니다. 저의 수행 경험과 선불교(禪佛敎)를 이 땅에 있게 하신 달마 조사와 혜능 조사의 선사상(禪思想)이 능히 그 일을 할 수 있을 것으로 생각되었습니다. 그래서 몇 년 동안 자료를 수집하고 원고를 썼습니다. 다행히 고희(古稀)를 며칠 앞두고 탈고가 되어서 이렇게 인사의 말씀을 드리게 되었습니다. 선배 제현(諸賢)들의 너그러운 혜량(惠諒)을 바랍니다.

끝으로 저에게 순수불교의 안목을 열어주시고 반야바라밀을 깨닫게 해 주신 은사 금하광덕 대종사의 영전에 이 책을 올리며, 수행하면서 이 책을 쓸 수 있게 물심양면으로 도와주신 각화사 신도들과 특히 서울대학교 의과대학 교수인 이윤성 박사와 본정 보살님께 감사의 말씀을 드립니다. 나무마하반야바라밀.

불기 2561(2017)년 동안거 결제일
석촌호 바라밀실에서 혜담지상 합장

일러두기

1 『이입사행론장권자(二入四行論長卷子)』의 저본(底本)은 일본 지쿠마쇼보(筑摩書房)에서
1985년에 발행한 선의 어록 ① 『달마(達摩)의 어록(語錄)』이고, 범어사에서 1959년에
간행한 『선문촬요(禪門撮要)』를 참고했다.

2 『이입사행론장권자(二入四行論長卷子)』의 강설은 일본 고단샤(講談社)에서
1981년에 발행한 『달마(達摩)』를 참고했다.

3 『육조단경』은 「덕이본」 송천사(松川寺)판에 의거하였으며,
번역은 1975년 불광출판사에서 발행한 광덕 역주 『법보단경』을 참고했다.

4 선사스님들의 행적과 법어는 장경각(藏經閣)에서 발행한 『선림고경총서』를 따랐다.

5 성철 스님의 법어는 장경각에서 1982년에 발행한 『본지풍광(本地風光)』의 일부를
발췌(拔取)한 것이다.

목 차

제1부 위로는 깨달음을 구하다〔上求菩提〕

제2부 달마의 심(心)종교

제
1
부

위로는 깨달음을 구하다〔上求菩提〕

제 1 장

깨달음[見性]이란 무엇인가?

1
깨달음에 관한 탐구의 시작

고등학교 시절에 불교 신행생활을 하면서『불교신문』을 보기 시작했습니다. 졸업 후 직장생활을 하면서 출가(出家)의 뜻을 세우고 나름대로 고민하고 있는 가운데『불교신문』에 황벽(黃檗) 선사의「전심법요(傳心法要)」라는 제목의 글이 연재되는 것을 알고 관심 있게 읽었던 기억이 납니다.

> "부처와 중생, 일심에 있어 다르지 않다. 마치 허공
> 이 섞이거나 무너지지 않는 것과 같으며, 태양이
> 떠올라 천하를 밝게 비추지만 허공이 밝아진 것도
> 아니고, 해가 저문 뒤에도 어둠이 천지를 뒤덮지만
> 허공은 어두워지지 않는 것과 같다. 밝고 어두운
> 경계는 교차되며 변화하지만, 허공의 본성은 변화
> 가 없다. 부처와 중생, 마음이 이와 같다."

황벽 스님의 이 법문을 읽는 순간 마치 무엇인가에 머리를 얻어맞은 것같이 멍하게 되었습니다. 왜냐하면 제가 출가하여 수행을 해야겠다고 생각하면서 그때를 저울질하고 있었던 이유는 오직 한 가지 범부중생(凡夫衆生)인 나 자신을 바꾸어 석가모니 부처님 같은 부처가 되어야 한다는 것이었는데, 황벽 스님은 '부처와 중생이 다르지 않다'고 말씀하고 계시기 때문이었습니다. 어쩌면 울산 포교당인 해남사 주지스님의 강의와 법문으로부터만 불법을 공부하고 있었던 당시의 저로서는 '부처와 중생이 다르지 않다'는 법문은 청천벽력(靑天霹靂)같이 여겨졌을지도 모르겠습니다. 물론 '일심(一心)'이라는 단어는 눈에 들어오지도 않았습니다.

이렇게 성불(成佛)하겠다는 원(願)과 중생(衆生)이 곧 부처라는 법문 사이에서 고뇌가 시작되면서 직장생활에 한계가 찾아왔습니다. 처음 직장생활을 시작할 때는 한 3~4년 열심히 돈을 벌어서 저를 낳아서 20년 넘게 길러준 부모님과 할머니의 은혜에 조금이나마 보답을 하고 난 연후에 출가를 해야겠다는 계획이었는데, 3~4년을 기다린다는 것이 시간 낭비라는 생각이 들면서 초조해지기 시작한 것입니다. 퇴직금을 받을 수 있는 기간인 1년이 지나자 직장에 사직서를 던지고 그길로 고향에서 가장 멀리 떨어져 있다고 생각한 합천의 해인사로 향했습니다.

그런데 일주문에 들어서기 전에 해야 할 일이 한 가지 있었습니다. 그것은 세속과의 인연을 끊는 결심을 다시 한번 하는 것이었습니다. 가야산에서 흘러내리는 계곡물을 따라서 깊이 들어가 물가 바위에 앉았습니다. 그리고 호주머니에 있는 피우다 남은 담뱃갑을 꺼내서 담배 한 개비를 물고 불을 붙이고 연기를 뿜어내면서 '이 담배연기를 끝으로 세속과의 모든 인연을 끊습니다. 부처님! 이 중생의 앞길을 도와주소서'라는 기도를 하고 담뱃갑을 냇물에 떠내려 보냈습니다.

대적광전(大寂光殿)에 들어가 삼배를 올리고 주지스님이 계신다는 퇴설당에 가서 주지인 혜암(1920~2001) 스님께 인사를 드리고 큰스님 앞으로 출가하고 싶다는 말씀을 드렸습니다. 그날부터 행자생활이 시작되었는데, 제 소임은 주지스님의 시자 역할이었습니다. 그런데 대한불교조계종의 제10대 종정을 역임하신 혜암 스님은 출가 후에 평생을 눕지 않고 수행한, 소위 장좌불와(長坐不臥)로 널리 알려진 큰스님입니다. 주지스님을 모시고 행자생활을 하다 보니 스님의 생활 모습을 자연스럽게 지켜볼 수 있었고, 스님께서 주지 소임을 하시면서도 장좌불와를 놓지 않는다는 사실을 알게 되었습니다.

한 보름쯤 지난 후에 주지스님께서 직접 저의 머리를 깎아주셨는데, 그 시간에 여쭈었습니다.

"큰스님, 왜 눕지 않고 수행하십니까?"

스님께서는 저의 그 당돌한 질문에 웃으시면서 말씀하셨습니다.

"스님들이 출가수행을 하는 것은 견성(見性)하기 위한 것인데, 견성하기 위해서는 장좌불와 같은 혹독한 수행이 필요한 것이다. 행자도 나중에 정식으로 스님이 되면 눕지 않고 화두(話頭)를 참구하는 수행도 필요할 것이다.”

혜암 큰스님의 이 말씀에 저는 적잖은 당혹감이 들었습니다. 왜냐하면 제가 출가를 결심하게 된 동기는 불교에 ‘상구보리(上求菩提) 하화중생(下化衆生)’, 즉 위로는 깨달음을 구하고 아래로는 중생을 제도한다는 그러한 가르침이 있는 것을 알고, 우선 깨달음을 구하기 위해서 다시 말하면 부처가 되기 위한 수단으로 출가를 택한 것이었습니다.

그런데 앞에서 말씀드린 「전심법요(傳心法要)」에서는 ‘부처와 중생이 다르지 않다’라 설하고 있고, 지금 혜암 스님께서는 ‘부처가 되기 위해서는 견성을 해야 하고 견성을 하기 위해서는 화두를 참구해야 한다’라고 말씀하고 계시기 때문이었습니다.

그것만이 아닙니다. 뜻하지 않는 상황이 발생하여 혜암 스님 밑에서 스님이 되지 못한 채 해인사를 떠나게 되었고, 금정산 범어사에 가서 우리 세대 한국의 스님들 가운데서 지금도 가장 존경하는 금하 광덕(1927~1999) 스님을 은사로 사미계를 받았습니다. 광덕 큰스님은 참선수행을 통하여 득력(得力)을 한 후에 처음에는 종단의 행정 관계에서 힘을 쏟았고, 그 일에서 손을 떼고는 도심포교에 새로운 전기를 마련했다고 알려진 어른입니다. 그런데 광덕 큰스님은 신도들에게 ‘마하반야바라밀을 염송(念誦)하라’고 가르치십니다.

마하반야바라밀을 염송하라는 광덕 스님의 이 말씀에 저는 또

한번 혼란이 왔습니다. '관세음보살'이나 '나무아미타불' 같은 염불도 아니고, 왜 '마하반야바라밀' 염송인가? 은사스님의 가르침을 따라서 마하반야바라밀을 염송하면서도 '무엇이 마하반야바라밀인가?' 하는 의심이 끊임없이 생겼습니다.

그러나 제 방에 있는 모든 불교 서적을 다 찾아보았지만 '마하반 야바라밀염송의 그 마하반야바라밀이 무엇인가' 하는 의문에 명쾌하게 대답해 주는 서적은 없었습니다. 그래서 택한 것이 일본 유학이 었습니다. 불교 교학에서는 세계에서 제일이라는 일본에 가면 마하 반야바라밀에 관하여 알 수 있을 것이라는 나름대로의 판단이었습니다.

지금 소납(小衲)의 나이 70에 출가한 지 47년이 지난 오늘에 생각해 보니 고등학교 시절에 상구보리의 뜻을 세운 것도, '부처와 중생이 다르지 않다'라 설하고 있는 「전심법요」에서 황벽 스님 말씀에 서의 의심도, 혜암 스님의 '견성해야 부처가 될 수 있다'는 말씀에 당혹감이 생긴 것도, 광덕 스님의 '마하반야바라밀 염송'에 의심이 생긴 것도 전부가 '깨달음이란 무엇인가?'에 대한, 다시 말하면 '깨달음에 관한 탐구의 시작'이 아니었던가 하는 생각이 듭니다.

2
깨달음에의 접근

황벽 스님 말씀에서의 의심도, 혜암 스님의 '견성해야 부처가 될 수 있다'는 말씀에 당혹감이 생긴 것도, 광덕 스님의 '마하반야바라밀염송'에 의심이 생긴 것도 전부가 '깨달음이란 무엇인가?'에 대한 탐구였습니다.

범어사 강원에서 『서장(書狀)』을 배울 때의 이야기입니다. 송(宋)의 대표적 선사이며 간화선(看話禪)의 창시자인 대혜(大慧, 1089~1163) 스님이 진소경(陳少卿)에게 보내는 두 번째 답서를 통하여 방거사(龐居士, ?~808)가 석두(石頭, 700~790) 스님께 바쳤다는 다음과 같은 게송이 있었습니다.

나날의 일은 무엇이라고 할 것이 없어[日用事無別]

다만 스스로 슬금슬금 잘도 옮겨 가는구나[唯吾自偶諧]

어느 하나 가질 것도 버릴 것도 없어[頭頭非取捨]

어디에서 무엇을 하든 어긋남이 없네[處處沒張乖]

왕사니 국사니 누가 칭호를 붙였는가[朱紫誰爲號]

이 산중은 티끌 하나 없는 곳[丘山絶點埃]

신통이니 묘용이니 무엇을 말하는가[神通幷妙用]

물 긷고 나무 나르는 일 바로 그것인 것을[運水與搬柴].

이 방거사의 게송 가운데 마지막 두 구절인 "신통이니 묘용이니 무엇을 말하는가[神通幷妙用] 물 긷고 나무 나르는 일 바로 그것인 것을[運水與搬柴]"하는 글귀가 눈으로 확 들어오면서 일종의 전율 같은 감정을 느꼈습니다. 너무 황홀하여 잠을 이루지 못할 지경이었습니다. 출가할 때의 그 모든 삶에 대한 번민이나 인생에 관한 고뇌가 일시에 다 해결된 것 같은 기분이었습니다.

왜냐하면 깨달음을 얻어 성불을 하면 석가모니 부처님이 갖추고 있다는 여섯 가지 신통[六神通]인 ① 생각하는 곳을 마음대로 갈 수 있고 무엇으로도 변할 수 있는 능력인 신족통(神足通) ② 모든 것을 막힘없이 꿰뚫어 환히 볼 수 있는 능력인 천안통(天眼通) ③ 모든 소리를 마음대로 들을 수 있는 능력인 천이통(天耳通) ④ 다른 사람의 마음속 생각을 아는 능력인 타심통(他心通) ⑤ 나와 남의 전생을 아는 능력인 숙명통(宿命通) ⑥ 번뇌를 모두 끊어, 내세에 미혹한 생존을 받지 않음을 아는 능력인 누진통(漏盡通)과 온갖 조화를 자유자재로 부릴 수 있는 능력인 묘용을 갖춘다고 알고 있었는데, 물을 긷고 나무를 나른다고 하는 일상의 생활 그것이 신통이고 묘한 작용이라니 어찌 그런 기분이 들지 않았겠습니까!

세상에 이렇게도 훌륭한 말이 있을 수 있단 말인가! 방거사야말로 내가 찾던 도인이라는 생각이 들었습니다. 그리고 더 이상 강원에서 문자공부를 하는 데 흥미가 나지 않았습니다. 더 이상 구할 것이 없다는 생각이 들었습니다. 방학을 이용하여 먼저 봉암사로 갔습니다. 그러나 봉암사 선원의 모습은 제가 상상했던 그런 곳이 아니었습니다. 대웅전 앞뜰에서 축구를 하고 있는, 규율이라고는 하나도 찾아볼 수 없는 수좌스님들의 행동 등이 몹시도 거슬렸습니다. 다시 오대산 상원사에 있는 적멸보궁을 참배하고는 총무원에 근무하고 계시는 은사스님을 찾아뵈었습니다.

은사스님께서는 수행이라는 것에는 차제(次第)가 있다고 하시면서 대학 진학을 권하였습니다. 결국 동국대학교 승가학과에 입학을 했고, 학교생활 4년 내내 졸업하면 선방에 가서 참선해서 깨달음을 얻어야겠다고 생각했습니다. 졸업식 다음 날 걸망 하나 달랑 메고 지리산 칠불암에 계신다는 혜암 스님을 찾아갔습니다. 저는 혜암 큰스님이 주신 '무(無)자 화두(話頭)'를 받아서 간화선 수행을 시작했습니다. 한 달쯤 지나자 스님께서 "참선공부의 시작은 큰절인 해인사 선원 같은 대중방에서 해야 한다"고 하셨습니다.

출가 본사격인 해인사로 가서 선원에서의 수좌(首座) 생활을 시작했습니다. 한 달에 두 번 방장인 성철(1912~1993) 큰스님의 법문이 있었습니다. 법문의 내용은 대체로 이러했습니다.

(법상에 앉아서 양구(良久)하신 후, 운문(雲門, 865~949) 선사의 '말에 떨어졌다[雲門話墮]'라는 화두 내용을 한문으로 읊으시고)

"범의 머리에 걸터앉아 범 꼬리를 거두어 잡아도
해골에서 귀신을 보고
제1구(第一句)에 종지(宗旨)를 밝혀도
흰 구름 만 리로다
임제의 할(喝)과 덕산의 방(棒)은
모난 나무로 둥근 구멍을 막음이요
조주의 차와 운문의 호떡은
고기 눈알로 구슬을 만듦이다
알겠는가?
바람 그쳐도 꽃은 오히려 떨어지고 새 우니
산 더욱 그윽하다."

운문 스님이 어떤 중에게 물었다.
"광명이 고요하게 비치어 항하사(恒河沙)에 두루한다
하니, 어찌 장졸상공(張拙相公)의 말이 아니겠는가?"
"그렇습니다."
"말에 떨어졌다."
그러나 나라면 "칼산지옥이 높고 높으며 아비지옥

이 깊고 깊도다.”라고 하리라.

화산 방 선사가 송(頌)하였다.
“큰 길에 종횡으로 자유함을 얻으니
굳센 관려자를 비틀어 여는 것이 묘하여
전부 거둔다
그 가운데 비밀한 뜻 사람이 알기 어려우니
할(喝)을 하여 모름지기 물을 거꾸로
흐르게 한다.”

그러나 나라면 “피를 머금어 사람에게 내뿜으면
먼저 그 입이 더럽다.”라고 하리라.

송원 악 선사가 송하였다.
“분명히 그려내어 그대에게 보이니
뜻이 갈구리 끝에 있고 소반에 있지 않다
설사 석인(石人)의 입을 열어 말하나
오히려 혀끝에 속힘을 알지 못한다.”

그러나 나라면 “부처를 찬탄하고 조사를 칭찬함은
덕산이라야 되느니라.”라고 하리라.

"대중들이여, 운문 절름발이가 비록 기상이 왕과
같으나, 밤새도록 도적질하다 날 새는 줄 몰라서,
천고(千古) 후에 사람들에게 점검받게 되니 어찌하
오리. 말해 보라, 한마디 법문(法門)이 어느 곳에 떨
어져 있는가?"

조주 남쪽 석교 북쪽의 관음원 안에
미륵이 있더라.

또 다른 법문에서는

(법상에 앉아서 양구(良久)하신 후, 덕산(德山) 선사의 '말을 해도
[德山道得]'라는 화두 내용을 한문으로 읊으시고)

"독사는 뿔을 이고 맹호는 날개 돋쳤으며
사나운 용은 바다를 휘젓고
금시조(金翅鳥)는 바람을 치니
말해 보라, 이 무슨 시절인가?"
(한참 묵묵한 후에 말씀하셨다.)
"봄날이 화창하니 꾀꼬리는 북쪽으로 가고
가을바람 쓸쓸하니 기러기는 남쪽으로 난다."

덕산 스님이 대중에게 "말해도 삼십 방(三十棒)을 때릴 것이요, 말하지 못해도 삼십 방을 때리리라." 고 법문을 한다는 소식을 듣고 임제 스님이 시자(侍者)에게 말하였다.

"가서 덕산이 그렇게 말하거든 얼른 묻되, '말하였거늘 어찌하여 삼십 방을 때립니까?' 하라. 그가 만약 때리거든 네가 주장자를 잡아 한번 밀쳐버려라." 시자가 가서 시킨 대로 하니, 덕산 스님이 밀려 엎어졌다가 문득 방장(方丈)으로 돌아가 문을 닫아 버렸다. 시자가 돌아와 임제 스님에게 전하니, 임제 스님이 말하였다.

"내가 본래 그를 의심하였다."

그러나 나라면 "너에게 주장자 있으니 너에게 주장자를 주고 너에게 주장자 없으니 너에게서 주장자를 뺏노라."라고 하리라.

허당 선사가 염(拈)하였다.

"모두 말하되, 덕산은 단지 옅은 물에 비늘을 벌릴 줄만 알고 깊은 못에 낚시 내릴 줄은 모른다 하나, 임제 부자(父子)가 덕산에게 밀려 거친 풀 더미에 파묻혀서 지금까지 몸을 일으키지 못함을 알지 못한다."

그러나 나라면 "목인(木人)은 노래 부르고 석녀(石女)는 춤춘다."라고 하리라.

"대중들이여, 허당 늙은이가 허리에 임제의 바른 도장을 차고 손에는 양기의 신비한 부적을 쥐고, 부처와 조사(祖師)를 저울질하고 옛날과 지금을 둘러싸니, 가난하기는 범단(范丹) 같고 기운은 항우(項羽)와 같다. 비록 이러하나 좋은 마음은 아니니, 다시 덕산을 만길 밑으로 떨어뜨려 오늘에 이르기까지 일어나지 못하게 한다. 알겠는가?"

구름은 물결 속에 달을 토해내고
하늘은 비온 뒤 산에 비껴 있네.(악!)

성철 큰스님의 법문 중에 "나라면 '이러이러하다' 하리라." 하는 그 법문은 제가 해인사 행자시절 때 들었던 것과 흡사했습니다. 다른 점이 있다면 행자시절 때는 큰스님의 산청 지역의 경상도 억센 사투리 때문이기도 하겠지만 같은 경상도 사람인 저도 무슨 말씀을 하고 계신지 도무지 알 수 없었지만, 이번에는 "나라면 '이러이러하다' 하리라." 하는 그 말씀에 의심이 생겼습니다. 견성을 하면 그것을 알 수 있을 것이라는 생각에 해제(解制) 때도 하루 열여섯 시간의 가행정진(加行精進)을 계속했습니다.

한철을 지나게 되면서부터 조급증이 났습니다. 1년 후에 군 입대가 예정되어 있었기 때문입니다. 지금까지 가지고 있는 견성하여 '부처와 중생이 다르지 않다'와 '신통과 묘용이 물 긷고 나무 나르는 일, 바로 그것인 것'과 '부처가 되기 위해서는 견성을 해야 한다'와 왜 '목인은 노래 부르고 석녀는 춤춘다'고 하는가 등의 의문을 해결하고 군에 가야겠는데, 공부에 진전이 있다는 생각이 들지 않았습니다. 두통이 심하게 오는 상기병(上氣病)이 찾아오기도 했습니다. 그러나 시간은 흘렀고 입대하기 위해서 선원에서 나와야 했습니다. 단 하나 '군대 생활하면서도 화두를 들 수 있겠다'는 자신감이 생겼고, 그 신심(信心)이 저로 하여금 다시 삭발염의(削髮染衣)를 할 수 있게 했습니다.

3
깨달음에 관한 착각인 처음의 상사각(相似覺)

막상 전역을 하고 나니, 어디서부터 다시 수행을 시작해야 하는지 막연한 생각이 들었습니다. 문득 절집안의 촌수로는 증조부 격인 백용성(1864~1940) 큰스님이 생각났습니다. 용성 큰스님께서는 '신묘장구대다라니 주력'으로 득력했다는 말을 들은 적이 있었기 때문입니다. 또한 신묘장구대다라니 주력으로 불망념지(不忘念智)를 얻었다고 전해지는 부산 선암사에서 수행하셨던 혜월(1862~1937) 큰스님처럼, 나도 한 번 들은 것은 결코 잊어버리지 않는 그런 지혜를 얻어서, 그동안 등한시 했던 교학을 더 공부해야겠다는 생각도 들었습니다.

그래서 생각한 것이 가락불교의 시원지(始原地)라고 알려져 있는 김해의 장유암에 있는 토굴이었습니다. 그 토굴에 가서 100일 기한의 '신묘장구대다라니 주력수행'을 시작했습니다. 끼니 때가 되면 큰절에 가서 공양하는 것 외에 하는 일이라고는 새벽 4시부터 밤 10시까지 신묘장구대다라니 주력뿐이었습니다. 100일이 되었을 때, 50분 동안에 대다라니를 250번 할 수 있게 되었습니다. 비록 대다라니 주력하는 사람들이 대다라니를 하루에 6,000번 한다는 사실이 거짓이 아님은 경험을 했지만 신심이 부족해서인지 불망념지는 얻지 못했습니다. 장유암에서 하산하여 은사스님이 창건하신 불광사(佛光寺) 불광법회(佛光法會)를 돕기 위해서 서울로 거처를 옮겼습니다. 소납의 소임은 불광사 살림과 법회를 지도하는 일을 함께하는 것이었습니다.

불광법회에는 한국불교 최초인 불교합창단이 있습니다. 1983년 초봄에 합창단원 보살 40여 명과 함께 성지 순례기도 차 직지사에 갔습니다. 조실로 계시는 관응(1910~2004) 큰스님을 청해서 법문을 듣게 되었는데, 큰스님의 법문 내용이 이와 같았습니다.

마조(707~786) 스님의 법을 이은 백장 스님은 어린
나이에 세속을 떠나 삼학(三學)을 두루 닦았습니다.
마조 스님께서 강서에서 널리 교화를 하고 있었으
므로 찾아가 마조 스님을 모시고 공부하였습니다.
어느 날, 마조 스님이 어린 백장과 길을 가다가 날
아가는 들오리를 보았습니다.
마조 스님께서 물으셨습니다.
"저게 무엇인가?"
"들오리입니다."
한참 지나자 들오리가 보이지 않게 되었을 때, 마

조 스님께서 다시 물으셨습니다.

"들오리가 어디로 갔는고?"

"저쪽으로 날아가 없어졌습니다."

마조 스님께서 갑자기 백장 스님의 코를 힘껏 잡아 비틀었습니다. 어린 백장은 아픔을 참느라고 '아야' 소리를 질렀습니다.

그러자 "다시 날아갔다고 말해 보아라." 하고 마조 스님이 벽력같이 소리를 질러 호통을 쳤습니다. 그 순간 백장은 크게 깨달았습니다.

"여러분! 여기 무엇이 있어 백장 스님이 깨닫게 되었겠습니까?"

관응 큰스님의 법문이 여기에 이르렀을 때, 저는 갑자기 눈앞이 밝아지는 것을 느꼈습니다. 이 법문은 『벽암록』〈제53칙〉에도 나와 있고, 대학 다닐 때 탄허(1913~1983) 큰스님이 대학선원의 선원장이었기 때문에 몇 번 들은 적이 있었습니다. 이렇게 비교적 접할 기회가 많았던 법문이었기 때문에 그저 덤덤하게 듣고 있었습니다. 그런데 이게 어찌된 일인지 관응 큰스님이 "여기 무엇이 있어 백장 스님이 깨닫게 되었겠는가?" 하는 말씀에서 갑자기 '눈앞이 밝아지고 심장의 고동 소리가 나는 것'을 느꼈습니다.

백장의 '아야'라는 소리에 마조 큰스님이 '다시 날아갔다고 말해 보아라'고 호통 치는 소리가 "네 이놈, 여기 이렇게 오리가 '아야' 하고 분명히 소리치고 있는데, 너는 왜 날아갔다고 대답하는가?"라는 법문으로 들리게 된 것입니다.

마조 큰스님의 말씀이 '무대립(無對立)·동일자(同一者)', 즉 "삼라만상과 일체중생이 동일 생명으로 대립된 존재가 아니라는 의미에 다름 아니구나."라는 생각이 들면서 동시에 '불보살님과 내가 같은 생명이어서, 내 생명 부처님 무량공덕생명'이라는 은사스님의 말씀이 바로 이 도리로구나 하는 깨달음이 찾아왔습니다.

관응 큰스님이 너무나 감사한 스승으로 생각되었습니다. 함께 법문 듣고 있는 신도들이 없었다면 당장 법상 앞으로 나가 삼배를 드리면서 "큰스님 감사합니다."라고 했을지도 모릅니다. 그러면서 언젠가 다시 큰스님을 뵈올 기회가 오면 그때 자초지종을 말씀드려야겠다고 다짐했습니다.

왜냐하면 그 순간 저는 드디어 견성, 즉 깨달음을 얻었다는 생각이 들었기 때문입니다. 불광사로 돌아오는 버스 안에서 소납이 지금까지 알고 있는 화두들을 생각해 봤습니다. 가장 널리 회자되는 『무문관(無門關)』의 '부처님이 꽃을 드니 가섭이 미소 지었다는 염화미소(拈華微笑)'와 '어떤 것이 조사가 서쪽에서 오신 뜻[祖師西來意]입니까?'라는 물음에 조주 화상이 '뜰 앞의 잣나무[庭前柏樹]'라고 답한 화두와, 『방거사 어록』에서 방거사가 마조 화상에게 묻기를, "일체의 존재와 상관하지 않는 자, 그것은 어떤 사람입니까[不與萬法爲侶者 是

甚麼人]." 하니 마조 화상이 "자네가 저 서강(西江)의 물을 한 입에 다 마시고 나면, 그때 그것을 자네에게 말해 주겠다[待汝一口吸盡西江水 卽向汝道]." 등을 동일 생명에 대입시켜 보니 모두가 해결되었습니다.

앞에서 소납이 '마하반야바라밀이 무엇인가?'를 공부하기 위하여 일본에 갔다는 말씀을 드렸습니다만, 일본 교토(京都)에 있는 붓쿄(佛教)대학에서 일본불교계에서 반야경학자로는 최고의 권위자로 불리고 있는 가지야마(梶山雄一) 교수로부터 반야학을 배우고 있던 어느 날, 관응 큰스님이 교토에 오신다는 전갈을 받았습니다. 그날 저녁에 큰스님께서 머물고 계시는 호텔에 가서 인사를 드렸습니다.

그리고 큰스님의 '마조와 백장의 들오리 법문'에서 기이한 경험을 했다고 하면서 "저의 이 체험이 견성입니까?"라고 여쭈었습니다. 제 이야기를 다 들으신 후 큰스님께서는 "공부를 하다보면 그런 기이한 현상을 경험하기도 하지만, 그것은 견성이 아니다. 지금 공부하고 있는 방향으로 계속하다 보면 언젠가는 『서장』에서 대혜 스님이 말씀하신 것처럼, 축착개착(築着磕着: 저절로 축대가 맞고 윗 맷돌 아랫 맷돌이 맞는 것)하는 경계가 올 것이다."라고 격려해 주셨습니다.

4
깨달음에 관한 착각인 두 번째 상사각(相似覺)

「대품반야경에 있어서의 반야바라밀의 연구」라는 제목으로 석사 논문을 제출하고는 귀국할 짐을 꾸렸습니다. 지도교수인 가가와(香川孝雄) 선생님과 유학중인 동료 스님들이, 어렵게 유학을 와서 왜 박사 과정과 학위를 포기하느냐고 애정 어린 충고를 했습니다. 그분들의 충고에 "저는 단지 마하반야바라밀을 연구하러 왔고, 그 목적한 바를 조금은 이루었으면 됐지, 박사가 되기 위해서 일본까지 온 것은 아니다."라고 오히려 그분들을 위로하고는 귀국행 비행기에 몸을 실었습니다.

3년 만에 온 불광사는 분위기가 많이 변해 있었습니다. 은사스님의 법체는 많이 쇠약해지셨고, 3년 전까지만 해도 주도권을 쥐고 있던 재가의 불광 형제들이 더러는 보이지 않았습니다. 그렇지만 불광사의 업무에만 전념할 수는 없었습니다. 불광 형제들을 위해서 『대품반야경』을 번역하고 거기에 따른 신행론을 쓰고 싶었습니다. 은사스님의 반대에도 불구하고 경기도 양평에 있는 용문산 기슭의 작은

농가를 매입하고 고쳐서 토굴을 삼고 마하반야바라밀을 염송하면서 『대품반야경』 번역을 시작했습니다.

번역을 마치고 1년쯤 지난 보름달이 유난히 밝은 1993년 어느 날, 초봄의 한기가 아직 남아있는 마당을 거닐다가 달을 쳐다봤습니다. 갑자기 보름달 속에 내가 있다는 느낌이 들었습니다. 거기 '내 자신이 빛나고 있는 것'을 봤습니다. 갑자기 부처님의 성도 순간이 오버랩 되었습니다. 『대반열반경』에는 "일체중생(一切衆生) 실유불성(悉有佛性)"이라는 경문이 나옵니다. 부처님이 깨달음을 얻은 그날 새벽, 샛별이 떠오르는 순간에 깨달음을 얻고는 최초의 일성(一聲)으로 "희유하도다. 일체중생이 전부 부처의 성품을 가지고 있구나!"라고 하셨다는 것입니다.

그러나 소납은 보름달 속에 내가 있다는 느낌이 찾아온 순간 부처님의 최초 일성이 그것이 아니었다는 생각이 들었습니다. 최초의 일성으로 샛별이 빛나는 순간에 "아! 저기에 내가 빛나고 있네."라고 하셨을 것이라는 생각이 들었습니다. 그렇습니다. 그 보름달이 저의 모습이었습니다. 조금은 상기된 마음을 가지고 방에 들어가서 그 순간을 이렇게 게송으로 적었습니다.

동천(東天)의 보름달과 일념(一念)에 한 몸 되니
심신(心身)이 무너진 곳에 아(我)를 찾을 수 없네
달을 향한 사려분별(思慮分別) 끊어진 자리에

명월(明月)이 교교하게 산촌(山村)을 비추니

용문산(龍門山) 기슭 따라 혜담원(慧潭院) 오는 길손

야반(夜半) 달빛 속에서 태평가(太平歌)를 부르는구나.

__ 불기 2537(1993)년 3월 8일

소납은 위의 게송을 오도송(悟道頌)이라 여겼습니다. 은사스님의 예순여섯 번째 생신날이 왔습니다. 생신 축하 인사를 드리기 위해서 보현사에 머물고 계신 큰스님을 찾아뵈었습니다. 그 자리에서 위 게송을 올려 바치고 점검해 주시기를 청했습니다. 큰스님께서는 글을 다 읽은 후에 말씀하셨습니다.

"이치는 맞는 말인데, 너무 조작냄새가 나는구나!"

저는 그때 생각했습니다.

'저의 견처(見處)가 아직은 견성에는 미치지 못했다는 것을.'

39

5
깨달음에 관한 착각인 세 번째 상사각(相似覺)

어느 날 몇 명의 도반 스님들과 함께 어느 비구니스님의 점심 공양 초청을 받고 그 스님이 창건한 절에 갔습니다. 점심 공양하기 전에 사찰 경내를 둘러보았는데, 웅장한 대웅전 규모와 단청 등이 저를 놀라게 했습니다. 그래서 생각했습니다.

'비구니스님도 이렇게 굉장한 절을 지어 부처님께 바쳤는데 비구인 나는 여태 무엇을 했나? 나도 언젠가는 아담한 절을 지어 부처님께 바쳐야겠다.'

『대품반야경』 번역도 끝나고 그에 따른 신행론인 『반야불교 신행론』 원고도 끝이 났기 때문에 이제 용문산 기슭의 토굴에서 떠날 때가 되었습니다. 거처를 어디로 정할까 고민을 하다가 결정한 곳이 경기도 광주의 검단산(黔丹山) 중턱에 있는 정학사라는 절이었습니다. 검단산은 백제의 성산(聖山)입니다. 본래 이름은 검단산(檢壇山)이었는데, 일제시대 때 일본인들이 우리 민족의 정신을 말살하기 위해서 한자를 지금의 이름으로 바꾼, 의미가 깊은 산입니다.

정학사에 거처를 정하고 바로 사찰 이름을 각화사(覺華寺)로 변경부터 했습니다. 사람뿐만 아니라 일체 삼라만상이 전부 '마하반야바라밀이 현현(顯現)한 깨달음의 꽃'이라는 믿음이『반야불교 신행론』을 집필하면서 생겼기 때문이었습니다. 각화사(覺華寺)에서의 수행은 오전에『금강경』을 열 번 독송하는 외에는 하루 종일 조사어록(祖師語錄)인『벽암록(碧巖錄)』『종용록(從容錄)』『무문관(無門關)』등을 보고 거기에 등장하는 화두를 간(看)하는 것이었습니다. 물론 그 사이에 각화사를 중창하여 멋지게 생긴 대웅전을 부처님께 바치기도 했습니다.

조사어록 가운데 특별히 저에게 도움을 많이 준 서적이 석지현 스님이 역주 해설한『벽암록(碧巖錄)』이었습니다.『벽암록』에 등장하는 여러 조사스님의 후대에는 공안이 되는 문답과, 설두(980~1052) 스님의 송고(頌古)와, 원오(1063~1135) 스님의 송(頌)이 하나가 되어 한 칙(則) 한 칙이 계속 화두를 놓치지 않게 하는 역할을 했습니다. 어떤 칙은 며칠 안에 해결이 되었지만, 어떤 것은 한 달이 가도 해결이 되지 않는 공안도 있었습니다.

그렇게 설두·원오 두 선사와 씨름하는 사이에 2007년 제 나이 59세가 된 음력 3월 3일, 새벽어둠이 차츰 엷어가는 시간에 부처님과 내가 두 몸이 아님을 밝게 보았고, 평생 동안 진리를 구함이 꿈속의 일임을 깨닫게 되면서 마음이 마치 10년 묵은 체증이 쑥 내려가는 것 같았습니다.

그날로부터 2년이 지난 6월부터의 『수행일지(修行日誌)』에 기록되어 있는 내용들 몇 가지를 여기에서 다시 말해 보겠습니다.

"불생불멸(不生不滅)의 자성(自性)이 분명히 보이는데 형상이 없고 크기가 없으니 무엇이라 이름할까! 허공과 같아서 가는 것도 아니고 오는 것도 아니면서 나와 떨어지지도 않는다. 어떤 사람[如人]이 물을 마심[飮水]에 차고 더움[冷暖]을 스스로 안다[自知]는 옛 사람[故人]의 말이 너무나 적절한 말이로구나." (2009. 6. 14.)

"삼일 전부터 불생불멸의 본성(本性)이 빛으로 보이기 시작한다. 불생(不生)의 생명이기에 오지도 않고 가지도 않으며[不來不去] 허공처럼 생겼기에 모양이 없다[無相]. 이것이 견성일까!" (2009. 6. 19.)

"며칠 동안 견성에 관하여 선서(禪書)를 찾아보고 마음을 관(觀)해 보았지만 모순이 없는 것 같다." (2009. 6. 19.)

"불생불멸의 실상생명(實相生命)인 마하반야바라

밀(摩訶般若波羅蜜)은 완전무결하다. 굼벵이는 굼벵이로서 완벽하고 사자는 사자로서 완벽하다. 이 세상에 완벽하지 않는 존재물은 없다. 그래서 인간은 인간으로서 완전무결하다. 어찌 부처님이 완전무결하지 않을 수 있겠는가!"(2009.6.27.)

"견성 후에는 어떻게 수행해야 하는가? 여기에 관해서 한 번도 관심을 가지지 않았는데, 이제 이 문제가 중요한 과제가 되었다. 여기서 생각한 것이 깨달음 후의 수행이라는 점수(漸修)이고, 그것이 보림(保任)이라는 생각이 들었다. 그러나 보림수행을 어떻게 해야 하는지를 몰랐다. 효봉(1888~1966) 큰스님의 상좌인 구산(1909~1983) 스님을 오랫동안 시봉한 도반인 B 스님을 만났다. 효봉 큰스님의 보림수행에 대하여 물었다. '효봉 큰스님은 견성 후에도 계속 〈무! 무!〉 하셨다는데, 거기에 관해서 무엇이라 말씀하셨습니까?' '큰스님께서는 자주 이놈들아, 내가 깨닫기 전에도 〈무! 무!〉 하고 깨달은 후에도 〈무! 무!〉 하니 그 무(無)자를 똑같은 무자라고 생각하지 말아라.'고 말씀하셨습니다. B 스님에게 고맙다는 말을 남기고 바로 헤어졌다."(2009.7.10.)

깨닫기 전의 '무'와 깨달은 후의 '무'를 똑같은 '무(無) 자'라고 생각
하지 말라는 효봉 큰스님의 가르침에서 보림의 의미를 알아차리고
『벽암록』을 통한 화두 정진보다는 '마하반야바라밀 염송'에 더 많은
시간을 할애했습니다. 그렇게 '마하반야바라밀 염송'을 수행 방법
으로 정진한 지 두 달이 지난 날 밤에 사면에 창이 없는 방에서 마치
신통을 부리는 것처럼 밖으로 나오는 꿈을 꾸었습니다. 제가 여기서
생뚱맞게 왜 꿈 이야기를 하는가 하면 여기에는 곡절이 있습니다.

　　범어사 강원에서 사교과를 공부하고 있던 1971년 11월에 동국
대학교에 가기 위해서 대학입시 예비고사에 응시했습니다. 시험을
마치고 절에 돌아와 잠을 자면서 꿈을 꿨는데, 그 꿈이 하도 이상해
서 항상 뇌리에 남아 있었습니다. 꿈 내용은 이렇습니다.

　　"내가 소 몇 마리를 몰고 야산으로 올라갔는데, 거기에 있던 어
떤 사람이 자기 목장을 보여주고는 바로 목장의 출입문을 열고서 말
하기를, '자네가 몰고 온 소들을 전부 이 목장 안에 방목하도록 해라.
그리고 나가서 놀다가 때가 되면 찾으러 오너라'라고. 내가 소를 몰
고 목장으로 들어갔는데, 소들은 목장에 풀어놓고 나를 사방이 벽으
로 된 창문 하나 없는 방 안에 들게 한 후 '이 안에 앉아 있어라'라고
하고는 밖에서 문을 걸어 잠그고 말았습니다. 저는 어쩔 수 없이 사
각의 방에 갇힌 신세가 되었고, 그 갇힌 속에서 잠이 깼습니다."

　　그 후 가끔씩 생각했습니다. 그 꿈이 저의 불교대학 입학을 위한
예비고사 합격을 예시하는 것이라고. 그러나 심우도(尋牛圖)에서 알

수 있듯이 소를 방목한 후에 한가하게 노니는 것은 알겠는데, '왜 내가 창문도 없는 사변의 방에 갇혀있어야 하고, 언제 나갈 수 있는 것일까? 또 나가는 방법이 무엇일까?' 하는 사념이 항상 있었습니다. 그런데 보림의 행위로 한 '마하반야바라밀 염송' 수행 두 달 후에 그런 꿈을 꾼 것입니다. 그러나 소납은 더 큰 은혜는 간화선 수행인 화두 참구에 두고 싶습니다.

불교방송국에 법문이 있어서 한강에 있는 강변북로로 승용차를 운전하면서 '마하반야바라밀 염송'을 계속하고 있었는데, 갑자기 '텅 빈 내[我]'가 몸 전체에서 보였습니다. 나라는 이 신체가 내가 아님을 본 것입니다. 『금강경』에서 설하고 있는 "반야바라밀이 곧 반야바라밀이 아니라 이 이름이 반야바라밀이다."라는 부처님 말씀이 체득되었습니다. "산은 산이 아니다. 그 이름이 산이다. 그것이 그것을 본다. 부처님이 부처님을 보고 있다. 그것이 산이고 그것이 물이다. 그래서 산이 곧 물이고, 물이 곧 산이다."라는 조사스님들의 말씀이 거짓말이 아님을 실감했습니다.

경의 "무릇 있는바 상은 다 이것이 허망하니, 만약 모든 상이 상 아님을 보면 바로 여래를 보리라[凡所有相 皆是虛妄 若見諸相非相 卽見如來]."는 말씀이 몸 전체로 다가왔습니다. 갑자기 마치 통 밑이 쑥 빠져 버리는 것 같은 후련함을 느꼈습니다. 불기 2554(2010)년 10월 27일에 경험한 일입니다. 소납은 그때 이것이야말로 견성이라고 확신했습니다.

6
참된 깨달음의 탐구

~~~~~

그날 이후『벽암록』을 다시 보면서 저의 깨달음에 관하여 점검을 시작했습니다. 〈제6칙〉까지는 해결이 된 것 같았습니다. 문제는 〈제7칙〉인 '법안, 혜초의 물음에 답하다[法眼答慧超]'에 꽉 막히고 말았습니다. 왜 막혔는가? 〈제7칙〉의 본칙 내용은 이와 같습니다.

> 승(혜초)이 법안에게 물었다.
> 혜초가 화상에게 묻나이다.
> "어떤 것이 부처입니까[如何是佛]?"
> 법안이 말했다.
> "그대는 혜초니라[汝是慧超]."

이 본칙이 무엇을 나타내고 있는가에 관해서는 의심이 없었습니다. 더군다나 설두 선사의 탁월한 아래와 같은 송(頌)이 저의 확신에 도움을 주었습니다.
~~~~~

강남에 봄바람 아직 불기 전
자고새는 꽃숲에서 우짖고 있네.
삼단의 물결 거슬러 고기는 용이 됐거늘
어리석은 이는 아직도 밤 연못의 물을 퍼내고 있네.

문제가 된 부분은 『벽암록』의 저자인 원오(1063~1135) 선사의 다음과 같은 내용의 평창(評唱)이었습니다.

법안 선사가 방장으로 계시는 총림에 현칙이라는 스님이 방부를 들이고 감원(監院)의 소임을 맡아 수행하고 있었습니다. 법안 선사가 칙감원을 불러서 물었습니다.
"칙감원, 자네는 어찌해서 입실하여 법을 묻지 않는가?"
그러자 칙감원이 말했습니다.
"큰스님께서는 아직 모르셨습니까? 제가 청림(青林) 큰스님 문하에 있을 때 깨달은 바가 있었습니다."
이에 법안 선사가 다시 물었습니다.
"자네, 시험 삼아 다시 그때 일을 나에게 거론해 보게."

그러자 칙감원이 말했습니다.

"제가 청림 큰스님에게 '어떤 것이 부처입니까[如何是佛]' 하고 여쭈니, 큰스님께서 '병정동자래구화(丙丁童子來求火)'라 했습니다."

법안 선사께서 말했습니다.

"아주 멋진 말이군. 자네가 혹 잘못 알고 있을까 걱정스러우니 다시 한번 더 그 뜻을 말해 보게."

칙감원이 말했습니다.

"병정(丙丁)은 불에 속하나니(음양오행상 병정은 불에 속한다) 불이 불을 구하는 격이라. 저 자신이 부처거니 다시 어디 가서 부처를 찾겠습니까?"

법안 선사가 말했습니다.

"칙감원, 자네 과연 잘못 알고 있었구나."

이 말을 들은 칙감원은 몹시 화가 나서 그대로 선원을 떠나 양자강을 건너가 버리고 말았습니다. 그러나 가다가 생각했습니다.

'법안 선사는 500명의 대중을 거느린 스승인데, 어찌 나를 기만했겠는가.'

생각이 여기에 미치자 칙감원은 즉시 되돌아와서 다시 법안 선사를 뵈었습니다.

법안 선사가 말했습니다.

"자넨 그저 묻기만 하게. 내가 자네 대신 대답하
겠네."
칙감원이 말했습니다.
"어떤 것이 부처입니까?"
법안 선사가 말했습니다.
"병정동자래구화(丙丁童子來求火)."
칙감원은 이 말을 듣는 순간 크게 깨달았습니다.

칙감원이 무슨 까닭에 똑같은 '병정동자래구화(丙丁童子來求火)'라는
언구를 듣고, 어떤 때는 깨달음을 단지 이해하는 수준인 해오(解悟)에
머물게 되고, 어떤 때는 견성(見性)이 되는지가 저는 너무 궁금했습니
다. 도대체 '깨달음이란 무엇일까?'라는 궁금증만 깊어졌습니다.
　　그런 가운데『벽암록』〈제22칙〉에 나오는 설봉(822~908) 선사의
깨달음의 과정에 눈길이 멈추었습니다. 설봉 선사가 깨달아가는 과
정에서 저는 '깨달음이란 무엇일까?'라는 궁금증이 더욱 깊어졌는데,
선사의 해오가 나와 닮은 곳이 있었기 때문이었습니다. 선사의 깨달
음의 여정은 이러했습니다.

설봉 선사는 12세에 옥한사의 경현 율사에게 출가
하여 17세에 삭발하였습니다. 암두 스님, 흔산 스
님과 도반인데, 세 번이나 투자 스님을 찾아갔고

아홉 번이나 동산 스님을 찾아뵌 후 뒤에 덕산 스님 밑에서 비로소 칠통(漆桶)을 부숴 버렸습니다. 선사는 44세 때인 어느 날 암두 스님과 동행하여 흔산 스님을 찾아가다가 예주(澧州) 오산의 주막에서 폭설을 만나 여러 날 묵게 되었습니다. 그 주막에서 암두 스님에게 자신의 공부에 대해서 이야기하면서 자신이 아직 마음이 편치 않다고 고백했습니다. 그러자 암두 스님이 말했습니다.

"정말 그렇다면, 자네가 깨달은 곳을 일일이 열거해 보게. 옳게 깨달은 곳은 인정해 줄 것이고 잘못 깨달은 곳은 잘라내겠네."

설봉 스님이 말했습니다.

"염관(鹽官) 선사가 설법당에 올라 설하기를, '부처의 본성과 중생의 본성은 같다. 깨닫지 못했을 땐 공(空)을 색(色)이라고 한다. 그러나 깨닫게 되면 색을 공이라 일컫게 된다. 그러므로 색과 공, 명(明)과 암(暗)은 동일한 것이다. 깨닫게 되면 이 모든 차별심이 사라져 버린다.'는 말을 듣고 깨달음을 얻었다네[得箇入處]."

암두 스님이 말했습니다.

"앞으로 30년은 더 공부해야 하느니, 이런 식의 거

론은 금물이다."

설봉 스님이 또 말했습니다.

"동산 선사가 설법당에 올라 설하기를, '남에게서 찾지 마라. 나와는 점점 더 멀어지네. 내 이제 홀로 가나니 도처에서 저[渠]를 만나네. 저는 분명 나[我]인데 난 저가 아니네.' 이렇게 깨달아 알면 비로소 진리와 하나가 되리라."

암두 스님이 말했습니다.

"이런 식이라면 자기 자신조차도 구제할 수 없다네."

설봉 스님이 말했습니다.

"난 그 후 덕산을 찾아가서 이렇게 물었네. '예로부터 전해오는 종승의 일[宗乘中事] 가운데 제 몫도 있습니까?' 내 물음이 끝나기가 무섭게 덕산은 나를 한 방망이 후려치며 말했다네. '무슨 말을 하고 있느냐[道什麼]!' 나는 한 방망이 맞을 그 당시 마치 통 밑이 쑥 빠져 버리는 것 같은 후련함을 느꼈다네[如桶底脫相似]."

암두 스님이 말했습니다.

"자네는 다음과 같은 말을 듣지도 못했단 말인가! 문 밖에서 들어온 것은 모두 대대로 전해오는 집안의 보배는 아니다."

설봉 스님이 말했습니다.

"그렇다면 앞으로 어찌해야 되겠는가?"

암두 스님이 말했습니다.

"이후 큰 가르침을 펴고자 한다면 하나하나가 모두 자기 자신의 가슴으로부터 나와서 나[本來自我]로 하여금 천지를 뒤덮도록 해야 한다네."

설봉 스님은 이 말에 크게 깨닫고[言下大悟] 암두 스님에게 절하고 일어나서 이렇게 말했습니다.

"내 오늘 오산진에서 도를 깨쳤도다[成道]."

저는 설봉 선사의 깨닫는 과정을 깊이 생각하면서 스승과 제자간의 대화를 비롯하여 깨달음과 말의 상관관계를 생각하게 되었습니다. 왜냐하면 현칙 스님이 깨달은 '병정동자래구화(丙丁童子來求火)'도 그렇고 설봉 선사가 암두 선사의 일러주는 말 아래서 깨달음을 얻고 있기 때문이었습니다.

또한 그 후 『전등록(傳燈錄)』을 보다가 남전보원(南泉普願, 748~834) 선사와 그의 제자인 운제사조(雲際師祖) 스님의 다음과 같은 대화를 발견했습니다.

사조 스님이 남전 선사에게 물었습니다.

"마니주(摩尼珠)가 있는 것을 사람들은 모른다고 하

고, 이 마니주는 여래장 속에서 찾으면 얻는다고
했습니다. 이 마니주는 어떤 것입니까?"
그러자 남전 선사께서 답했습니다.
"그대와 더불어 가고 오는 것이다."
사조 스님이 다시 물었습니다.
"가지도 않고, 오지도 않는 것은 어떤 것입니까?"
남전 선사께서 다시 말했습니다.
"그것도 여래장이다."
사조 스님이 재차 여쭈었습니다.
"그러면 어떤 것이 마니주입니까?"
남전 선사가 "사조여" 하고 부르자 사조 스님이
"예" 하고 대답하니, 남전 선사가 말했습니다.
"여보게, 가보시게. 자네는 아직 내 말을 알아듣지
못하고 있어!"
이 말에 사조 스님이 곧 깨달았습니다.

사조 스님의 깨달음도 스승 남전 선사의 말에 기인했습니다. 역시 깨
달음과 말의 상관관계가 거기에 있었습니다. 깨달음이란 것이 무엇
이기에 수행자가 어떤 언구 아래서 즉시에 얻게 되는 것인가 하는 의
문만 깊어갔습니다.

제 2 장

———

경전과 조사어록에 나타난 깨달음

1
덕소 국사의 깨달음

『전등록(傳燈錄)』에는 중국 땅에 법등(法燈)을 밝힌 수많은 스님들이 등장합니다. 물론 한반도에서 태어나 수행자가 된 스님들도 있습니다만, 거기에는 선사도 있고 율사도 있으며 뛰어난 학승(學僧)도 있습니다. 그 많은 스님들 가운데 화엄철학 및 선(禪)의 대선지식이었던 덕소(德韶)국사가 계십니다. 덕소 선사가 깨달음에 이르기까지는 여러 이름난 선지식을 찾아가 가르침을 청하였습니다. 그래서 지견(知見)에 대하여 크게 자부심을 가지고 있기도 했습니다. 이 덕소 선사가 한때 용아(龍牙) 화상을 뵙게 됐습니다.

덕소 스님이 용아 화상께 물었습니다.
"나는 웅웅(雄雄)의 존자(尊者)라고 하는 이에게는
접근할 수가 없다고 듣고 있습니다만 그 의지는 어
떤 것이옵니까?"
"불[火]과 불은 같은 것이니라."

“그러면 갑자기 물을 만나면 어떻게 되옵니까?”

“너는 알고 있지 않다.”

용아 스님은 그 이상 아무 말도 없었습니다.

또 어떤 때 덕소 스님이 물었습니다.

“하늘도 덮지 못하고 땅도 싣지 못한다고 하는데,
이 이치는 어떠한 것이옵니까?”

용아 스님은 대답했습니다.

“그것은 그렇다.”

덕소 스님은 뭐가 뭔지 조금도 모르는 일이라 다시
가르침을 청했습니다.

용아 스님이 대답했습니다.

“도라고 하는 것은 금후 언젠가는 너 자신의 힘으
로 득입(得入)해야 되는 것이다.”

덕소 스님이 또 소산 화상에게 물었습니다.

“시간과 공간을 초월해 가는 것은 무엇입니까?”

“불설(不說).”

소산 스님이 즉시에 대답했습니다. 이것을 모르는
덕소 스님은 다시 다그쳐 물었습니다.

“왜 설하지 않습니까?”

소산 스님이 대답하였습니다.

"존재 비존재의 범주는 여기에 적용할 수가 없다."
덕소 스님이 말하였습니다.
"노사 당신은 이제 실로 잘 설하시지 않았습니까?"
덕소 스님은 이렇게 해서 실로 54명의 선지식을 찾아가 가르침을 청하였습니다만 안타깝게도 모두에게서 진실의 깨달음을 증득하지 못했습니다.

마지막으로 염천(鹽川)의 정혜(淨慧) 화상의 회상을 찾아 갔습니다. 정혜 스님은 일견(一見)에 덕소 스님이 깊은 소질의 운수(雲水)임을 간파하였습니다. 그러나 덕소 스님은 여러 총림을 돌아다녀서 이미 선지식에게 묻는 일에 지쳐 버렸기 때문에, 다만 대중의 뒤를 따라 묵묵히 앉아 있기만 하였을 뿐이었습니다.
그런데 어느 날 한 스님이 나와 스승인 정혜 선사에게 질문을 하는 것이었습니다.
"어떤 것이 조원(曹源)의 일적수(一滴水)이옵니까?"
조원(曹源)이라고 하는 것은 혜능 조사가 계시던 조계산이며, 혜능 조사는 사실상 중국 선종의 창시자라고 할 수 있는 분입니다. 그래서 조계의 근원에서 흘러나오는 물의 한 방울은 무엇이냐고 묻는 것은 말하자면 깨달음을 증득한다고 하는 일을 묻는 것입니다. 그런데 정혜 스님의 대답은 이러한 것이었습니다.

"이것이 조원(曹源)의 일적수(一滴水)이니라."

질문한 스님은 어안이 벙벙하여 무슨 말인지 영문을 몰랐습니다. 앞에서 말한 것처럼 덕소 스님은 이 좌석의 뒤끝에 참석하고 있었지만 그는 불법의 대의에 대해 특별히 알려고도 하지 않았고, 아무 생각 없이 그저 덤덤히 문답을 듣고만 있었을 뿐이었습니다. 그런데 이것이 웬일입니까! 참으로 뜻 밖에 생각지도 않았던 깨달음의 진리에 눈이 뜨이게 되었으니 말입니다. 그리하여 오랜 세월에 걸쳐 축적된 학문적 소산, 이성 분별의 수확물이 어쩌면 한 조각 얼음이 녹아 없어지듯 그만 스르르 녹아 없어지는 것을 느꼈습니다.

덕소 국사의 깨달음의 기연에 관해서 살펴보았습니다만, 소납의 '깨달음의 궁극적 의미와 상태'가 무엇인가에 대한 의심만 더해갔습니다. 저에게는 일본 학자들이 편찬한 『남전대장경』이 한 질 있었습니다. 이 대장경을 통해서 '아라한의 깨달음'이 어떤 것인지 알고 싶었습니다.

2
아라한의 깨달음

『남전대장경』의 『초전법륜경1』「대품수계품 제1」에서는 다섯 비구가 아라한과를 증득하는 과정을 이렇게 기술하고 있습니다.

세존께서 다섯 비구에게 말씀하셨다.

"비구들아, 여래는 공양을 받음에 합당하고[應供], 바르게 깨달은 각자[正等覺者]다. 비구들아, 법을 들을 귀를 준비하여라. 너희들이 내가 가르친 대로 출가한다면 여기에서 바로 깨달음에 도달할 것이다." 〈이렇게 다섯 비구들을 잘 깨닫게 하시니 다섯 비구는 비로소 귀가 열리어 세존의 교훈을 듣고자 했다.〉 그때 세존께서는 다섯 비구에게 말씀하셨다.

"비구들아, 비구는 모름지기 두 개의 극단(極端)을 가까이 해서는 안 된다. 그 둘이란 무엇인가? 하나는 모든 욕망 중에서 쾌락의 생활에 탐착(貪着)하는 것이다. 이것은 천박하고 야비(野鄙)하다. 그것은 범부들이나 하는 짓이고 성스러운 일이 아니며, 참다운 목적을 위해서는 무익(無益)한 일이다. 다른 하나는 육체적인 고행(苦行)에 열중하는 것이니, 이것은 고통스러운 것이라 성스러운 것이 아니고, 참다운 목적을 위해서는 무익한 일이다.

비구들아, 여래는 이와 같은 두 개의 극단에 의지하지 않고 중도(中道)를 증득했다. 이 중도야말로 범부에게 눈을 열게 하고 지혜를 낳게 하며, 영원한 평안[寂靜]과 증지(證智)와 바른 깨달음과 열반에 이르는 것을 돕는 것이다.

비구들아, 무엇을 일컬어 여래가 증득한, 범부에게 눈을 열어 주고 지혜를 낳게 하며, 영원한 평안과 증지와 바른 깨달음과 열반에 도움이 되는 중도라 하는가? 곧 정견(正見)·정사유(正思惟)·정어(正語)·정업(正業)·정명(正命)·정정진(正精進)·정념(正念) 그리고 정정(正定)이다.

비구들아, 이것이 여래가 증득한 중도이니, 그것은 범부에게 눈을 열어 주고 지혜를 낳게 하며, 영원한 평안과 증지와 바른 깨달음과 열반에 도움이 되는 것이다.

비구들아, 또 사성제(四聖諦)가 있으니, 곧 고성제(苦聖諦)·집성제(集聖諦)·멸성제(滅聖諦)·도성제(道聖諦)라는 것이다.

비구들아, 고(苦)에 대한 성스러운 진리[苦諦]란 이 것이다. 즉 태어나는 것도 고(苦)요, 늙는 것도 고(苦)며, 병드는 것도 고(苦)요, 죽는 것도 고(苦)다. 근심·슬픔·괴로움·걱정·번뇌도 고(苦)다. 미워하는 사람들끼리 만나는 것도 고(苦)다. 사랑하는 사람과 헤어지는 것도 고(苦)며, 원하는 것을 얻지 못하는 것도 고(苦)다. 전체적으로 말하면 이 인생의 존재 모든 것[五取蘊]이 고다.

비구들아, 어떤 것이 이와 같은 고(苦)가 생기는 원인에 대한 성스러운 진리[集諦]인가? 미혹(迷惑)의 생존(生存)을 불러일으키고, 즐거움과 탐욕을 동반하여 모든 것에 집착하는 애욕[渴愛]이 그것이니, 소위 정욕적(情欲的)인 욕애(欲愛)와 생존에 대한 갈애[有愛]와 생존이 멸(滅)하는 것에 대한 갈애[無有愛]이다.

비구들아, 어떤 것이 고집성제인가. 사랑을 근본해서 생긴 것이 욕과 더불어 상응(相應)하여 재생(再生)이 있게 되고 즐거움을 가져와 이곳저곳에서 즐

거워한 끝에 욕애(欲愛)·유애(有愛)·무유애(無有愛)
가 생기는 것이 그것이다.

비구들아, 어떤 것이 고멸성제인가. 이욕(離欲)의
도(道)에 의하여 남음이 없이 다 멸한 것이니, 곧 사
리(捨利), 해탈, 이착(離着)이 그것이다.

비구들아, 이와 같은 고를 멸하기 위한 성스러운
진리[滅諦]란 이것이다. 즉 이 갈애를 남김없이 멸
하여 없애고, 버리고 떠나 집착할 것이 없게 하는
것이다.

비구들아, 어떤 것이 고멸도성제인가. 곧 앞에 말
한 팔정도(八正道)가 그것이다.

비구들아, 고(苦)를 멸하는 상태에 도달하는 길로
서의 성스러운 진리[道諦]란 이것이다. 그것은 여덟
개의 부분으로 이루어진 성스러운 실천도(實踐道)
이다. 즉 그것은 정견(正見)·정사유(正思惟)·정어(正
語)·정업(正業)·정명(正命)·정정진(正精進)·정념(正
念) 그리고 정정(正定)이다.

비구들아, 이 고성제는 본래 듣지 못하던 법이라,
지(智)가 나고 눈[眼]이 나고 각(覺)이 나고 명(明)이
나고 통(通)이 나고 혜(慧)가 나서야 증득하는 것이
니, 마땅히 본래 듣지 못한 이 고성제의 법을 알아

서 지(智)가 나고 눈[眼]이 나고 각(覺)이 나고 명(明)이 나고 통(通)이 나고 혜(慧)가 나야 한다. 나는 이미 고성제법이라는 본래 듣지 못한 법을 알아서 지가 나고 눈이 나고 각이 나고 명이 나고 통이 나고 혜가 났다.

비구들아, 〈'고의 성스러운 진리는 이것이다'라고, 그때까지 아직 들어보지 못했던 법(法)에 대하여, 나에게 눈이 생기고, 지식이 생기고, 지혜가 생기고, 명지(明智)가 생기고, 광명이 생겼다.〉

비구들아, 〈'이 고의 성스러운 진리는 충분히 알아야 한다'라고, 그때까지 아직 들어보지 못했던 법(法)에 대하여, 나에게 눈이 생기고, 지식이 생기고, 지혜가 생기고, 명지(明智)가 생기고, 광명이 생겼다.〉

비구들아, 이 고집성제, 고멸성제, 고멸도성제는 본래 듣지 못한 법에 각각 마땅히 알 것을 나는 이미 알아서 지가 나고 눈이 나고 각이 나고 명이 나고 통이 나고 혜가 났다.

비구들아, 〈'고가 생기는 원인의 성스러운 진리는 이것이다'라고, 그때까지 아직 들어보지 못했던 법(法)에 대하여, 나에게 눈이 생기고, 지식이 생기

고, 지혜가 생기고, 명지(明智)가 생기고, 광명이 생
겼다.〉

비구들아, 〈'이 성스러운 진리로서의 고가 생기는
원인은 끊어 없애야 한다'라고, 그때까지 아직 들
어보지 못했던 법(法)에 대하여, 나에게 눈이 생기
고, 지식이 생기고, 지혜가 생기고, 명지(明智)가 생
기고, 광명이 생겼다.〉

비구들아, 〈'고를 멸하기 위한 성스러운 진리는 이
것이다'라고, 그때까지 아직 들어보지 못했던 법
(法)에 대하여, 나에게 눈이 생기고, 내지 광명이 생
겼다.〉

비구들아, 〈'고를 멸하기 위한 성스러운 진리는 당
장에 입증되어야 한다'라고, 그때까지 아직 들어보
지 못했던 법(法)에 대하여, 나에게 눈이 생기고, 내
지 광명이 생겼다.〉

비구들아, 〈'고를 멸하는 성스러운 진리는 이미 눈
앞에 입증되었다'라고, 그때까지 아직 들어보지 못
했던 법(法)에 대하여, 나에게 눈이 생기고, 내지 광
명이 생겼다.〉

비구들아, 〈'고를 멸하는 상태에 도달하는 길로서
의 성스러운 진리는 닦고 실습(實習)되어야 한다'라

고, 그때까지 아직 들어보지 못했던 법(法)에 대하여, 나에게 눈이 생기고, 내지 광명이 생겼다.〉

비구들아, 〈'고를 멸하는 상태에 도달하는 길로서의 성스러운 진리는 닦고 실습(實習)되었다'라고, 그때까지 아직 들어보지 못했던 법(法)에 대하여, 나에게 눈이 생기고, 내지 광명이 생겼다.〉

비구들아, 내가 만일 이 사성제 세 개의 단계와 열두 가지 형태[三轉十二行]를 여실히 알지 못하였으면 나는 위없는 정각을 증득하지 못했을 것이다. 그러나 나는 이 사성제 세 개의 단계와 열두 가지 형태를 여실히 알아서 나는 지금 위없는 정각을 이루었다. 그러므로 아무 의심도 걸림도 없이 이 사성제를 설한다. 여래가 이 사성제를 설하는 가운데 이것에 대한 깨달음이 없다면 여래는 법륜을 굴리지[轉] 않을 것이요, 깨달음이 있다면 여래는 법륜을 전할 것이다. 이 법륜은 사문, 바라문, 마군(魔軍), 천인(天人) 및 세간 사람은 능히 전하지 못하는 것이다. 그리고 나는 지(智)와 견(見)을 얻었다. 나의 심해탈(心解脫)은 필정적(必定的)이다. 이것은 최후의 생(生)이다. 이제 내게는 재생이 없다.

그러나 비구들아, 나는 이 네 개의 성스러운 진리

에 대하여 이상과 같이 세 개의 단계와 열두 가지 형태의 방법으로 생각하고, 존재를 있는 그대로 아는 지견(智見)이 온전하고 완전하게 되기까지는 신(神)·악마·범천·사문·바라문·인간을 포함한 모든 생명을 가진 것들 중에서 나는 아직 무상(無上)의 깨달음을 실현했다고 말하지 않았다.

비구들아, 그러나 내가 이 네 개의 성스러운 진리에 대하여 이와 같이 세 개의 단계와 열두 가지 형태의 방법으로 존재를 있는 그대로 보는 지견(智見)이 완전하게 이루어졌기 때문에, 비구들아, 나는 신(神)·악마·범천·사문·바라문·인간을 포함한 모든 생명을 가진 것들 중에서, 이제야 무상(無上)의 깨달음을 실현했다고 말하는 것이다.

그리고 나에게는 다음과 같은 지견이 생겼다. 〈즉 나의 심해탈은 부동(不動)한 것이다. 이것은 최후의 생(生)이다. 이미 다시는 생사윤회의 고통을 받지 않는다.〉"

다섯 비구는 세존의 말씀을 듣고 기뻐했다. 이 교설이 끝나자 구수 교진여는 티끌을 멀리하고 때[垢]를 여읜 법안을 얻었다. '집(集)의 법은 모두 멸(滅)의 법이다'라고 그는 알았다.

〈세존은 이와 같이 말씀하셨다. 다섯 비구들은 기꺼이 세존이 말씀하신 것을 받아들였다. 그리고 세존께서 이 가르침을 말씀하셨을 때, 먼저 존자 교진여에게 물들지 않는 깨끗한 법의 눈이 생겼다. 즉, '집(集)의 법은 모두 멸(滅)의 법이다'라고.〉

세존께서 이와 같이 법륜(法輪)을 굴리셨을 때, 대지에 살고 있는 모든 하늘[諸天]들은 경탄의 소리를 질렀다.

"지금 세존께서는 바라나시성 선인타처 녹야원에서 무상의 법륜을 굴리셨다. 이 법륜은 사문도, 바라문도, 하늘도, 악마도, 범천도, 세간의 어떤 사람도 전복시킬 수 없는 것이다."

대지에 살고 있는 모든 하늘들의 소리를 듣고 사대왕천(四大王天)에 종속된 하늘들도 경탄의 소리를 질렀다. 그래서 사대왕천에 종속된 하늘들의 경탄의 소리를 듣고 도리제천도, 도솔제천도, 화락제천도, 타화자재천, 범천에 종속된 모든 하늘들도 경탄의 소리를 질렀다.

"이와 같이 세존께서는 바라나시성 선인타처 녹야원에서 무상의 법륜을 굴리셨다. 이 법륜은 사문도, 바라문도, 하늘도, 악마도, 범천도, 세간의 어떤 사람도 전복시킬 수 없는 것이다."

이렇게 해서 그 찰라, 그 순간마다 그 소리는 범천이 사는 세계에까지 울려 퍼졌다.

그래서 십천세계(十千世界)는 움직이고 진동하고 흔들렸다. 헤아릴 수 없는 대광명이 이 세상에 나타나, 그 광명은 하늘들의 위신력을 능가했다. 그때 세존께서는 이런 감격의 말씀을 하셨다.

"아아, 콘단냐[교진여]는 깨달았다, 콘단냐는 깨달았다."

그런 까닭에 구수 콘단냐는 '깨달은 콘단냐[阿若憍陳如]'라고 부르게 되었던 것이다.

그래서 존자 콘단냐는 이미 법을 보고 법을 얻고, 법을 알고 법에 깊이 들어가, 의혹을 초월하여 주저하지 않는 확신을 얻었으며, 스승의 교설에만 의지하고 타인에게는 의지함이 없는 경지에 있었기 때문에 세존께 이렇게 말씀드렸다.

"세존이시여, 저는 세존의 밑에 출가하여 구족계(具足戒)를 받고자 합니다."

세존께서는 그 말에 대해 이렇게 말씀하셨다.

"오너라, 비구여. 법은 완전하게 설해졌다. 고(苦)의 근원을 없애기 위한 범행을 잘 닦아라."

이것이 존자 콘단냐의 수계였다.

그 뒤 세존께서는 다른 비구들에게 법에 대한 가르침을 설하고, 가르쳐 깨우치게 하였다. 그래서 존자 밧파와 존자 밧디야가 법에 대한 가르침으로 세존의 가르침을 받아서 깨우쳤을 때, 이 두 사람에게 더러움에 물들지 않는 법을 보는 눈이 생겼다. 즉 '집(集)의 법은 모두 멸(滅)의 법'이라고.

그들은 이미 법을 보고 법을 얻고, 법을 알고 법에 깊이 들어가, 의혹을 초월하여 주저하지 않는 확신을 얻었으며, 스승의 교설에만 의지하고 타인에게는 의지함이 없는 경지에 있었기 때문에 세존께 이렇게 말씀드렸다.

"세존이시여, 우리들은 세존의 밑에 출가하여 구족계(具足戒)를 받고자 합니다."

세존께서는 그 말에 대해 이렇게 말씀하셨다.

"오너라, 비구들이여. 법은 완전하게 설해졌다. 고(苦)의 근원을 없애기 위한 범행을 잘 닦아라."

이것이 그 존자들의 수계였다.

3
『무아상경』의 법문

그로부터 세존은 비구들이 걸식해 온 것을 드시고, 이 방법에 의하여 법을 설해서 다른 비구들을 교시하시고 훈계하셨다. 세 사람의 비구가 걸식해 얻어 온 것으로 여섯 사람은 생활했다.

그때 세존의 설법에 의하여 교시받고 훈계된 구수 마하나마와 아설시는 진구(塵垢)를 멀리 여의고 법안을 얻었다. '집(集)의 법은 모두 멸(滅)의 법'이라고 그들은 알았다. 이렇게 법을 보고 법을 통달하며, 법을 알고 법에 익으며, 의혹을 버리고 무외(無畏)를 얻어, 스승의 교설에만 의지하고 다른 이에게는 의지하지 않는 두 사람은 세존께 사뢰었다.

"존자이시여! 원컨대 우리는 세존의 옆에 출가하여 계(戒)를 받고자 하나이다."

"오너라, 비구여! 법은 잘 설명되었다. 고(苦)의 근원을 없애기 위한 범행을 잘 행하라."

이것이 두 구수(비구)의 수계였다.

그 뒤에 세존은 『무아상경』에서 다섯 비구에게 말씀하셨다.

"비구들아, 색(色)은 무아(無我)다. 비구들아 만일 색이 아(我)라면 이 색은 병에 걸리는 일이 없으리라. 또 색에서 '내 색은 이렇게 되라. 내 색은 이렇게 되지 말라'라고 할 수도 있을 것이다. 비구들아, 색은 무아이기 때문에 색은 병에 걸리지 않고 또 색에서 '내 색은 이렇게 되라. 내 색은 이렇게 되지 말라'고 할 수 없다. 수(受)도 무아다. 상(想)도 무아다. 행(行)도 무아다. 식(識)도 무아다. 그러므로 '내 식은 이렇게 되라. 내 식은 이렇게 되지 말라'고 할 수 없다. 비구들아, 그대들은 이것을 어떻게 생각하는가. 색은 상(常)인가, 혹은 무상(無常)인가?"

"무상입니다. 존자여."

"그리고 무상하다면 그것은 고(苦)이냐, 혹은 낙(樂)이냐?"

"고(苦)입니다. 존자여."

"그리고 그 고 변괴(變塊)의 법 그것을 '이것은 내 소유, 이것은 나, 이것은 나의 나'라고 관조(觀照)할 수 있느냐?"

"할 수 없습니다. 존자여."

"수상행식은 상이냐, 혹은 무상이냐?"

"무상입니다. 존자여."

"그러면 비구들아, 색이란 색은 과거·미래·현재의 것이나 안[內] 또는 밖[外]에 있는 것, 굵고 또 가는 것이나, 비열하고 또 우수한 것이나, 멀고 또 가까운 것이나…이 '모든 색이란 색은 이 내 소유도 아니요, 이 나도 아니라. 이 나의 나도 아니다'라고 이렇게 정지(正智)로써 여실히 이를 관하라. 수상행식도 정지로써 여실히 이를 관하라. 비구들아, 이렇게 보는 박문(博聞)의 성(聖)제자는 색에서도 싫어하고 수에서 싫어하며 상에서 싫어하고 행에서 싫어하며 식에서 싫어한다. 싫어하여 욕을 여의고 욕을 여읨으로써 해탈하고, 해탈하면 나는 해탈했다고 하는 지(智)가 있다. 생(生)은 다하고 범행은 닦여지고 의무는 행해져서 후에 다시는 이 같은 것 때문에 오지 않으리라는 것을 안다."

이렇게 말씀하시자 다섯 비구는 세존의 말씀을 듣고 기뻐했다. 이 말씀이 끝나자 다섯 비구의 마음에는 집착이 없어지고 모든 번뇌로부터 해탈했다.

그때에 이 세상에는 여섯 사람의 아라한이 있었다.

(「대품수계품 제2」)

그 뒤에 세존은 다섯 비구에게 말씀하셨다.

제가 '아라한이 어떤 수행을 거쳐서 아라한과를 증득한 것인가'를 살펴보자고 한 이유는 앞에서 말씀드린 것처럼, '깨달음의 경지'를 알고자 함이었습니다. 그런데 위에서 살펴본 것처럼 콘단냐를 비롯한 다섯 비구가 아라한이 되었을 때 생긴 마음상태는 '집(集)의 법은 모두 멸(滅)의 법'이라고 알았다는 것입니다. 고통과 해탈이 둘이 아니라는 것입니다. 그리고 다시 『무아상경』에서는 다섯 비구가 '부처님의 법문을 듣고 마음에는 집착이 없어지고 모든 번뇌로부터 해탈했다'는 것입니다.

저는 다시 다섯 비구 다음으로 아라한이 되었다는 야사비구의 출가인연과 깨달음을 살펴보았는데, 경에는 다음과 같이 기술되어 있습니다.

그때 바라나시성에 야사(耶舍)라는 장자의 아들이 있었다. 그에게는 한기(寒期)·서기(暑期)·우기(雨期)의 삼시전(三時殿)이 있었다. 그는 우시전에서 4개월 동안 남자가 섞이지 않은 악사들에게 싸여 삼시전에서 내려 본 일이 없었다.

어느 날 음욕심을 가진 여 악사에게 빠진 야사는 다른 사람보다 먼저 잠에 떨어졌다. 시자들은 늦게 잠이 들고 등불은 밤새도록 켜져 있었다. 그래서 남보다 먼저 잠을 깬 야사는 그 시자들의 자고 있는 모양을 보았다. 혹은 비파를 옆에 끼기도 하고 혹은 작은 북을 베기도 하고 혹은 북을 옆에 안기도 했다. 혹은 머리털이 흐트러지고 침을 흘리고 혹은 잠꼬대를 하며 이를 갈고 코를 고는 등, 마치 시다림(屍陀林)을 보는 것 같았다. 이것을 보자 그는 싫증과 근심에 잠겼다. 그는 절실히 느껴 감동하여 "참으로 괴롭구나. 참으로 위험하구나."라고 중얼댔다.

야사는 황금 신을 신고 문을 나섰다. 그길로 선인타처 녹야원에 이르렀다. 그때 세존은 일찍 일어나 들길을 거닐고 게셨다. 세존은 야사가 멀리서 오는 것을 보시고 걸음을 멈추시고 정해 놓은 자리에 앉으셨다. 야사는 세존이 계시는 가까운 곳으로 와서 감탄의 말을 되풀이했다.

"참으로 괴롭구나. 참으로 위험하구나."

그때에 세존은 야사에게 말씀하셨다.

"야사여, 여기는 괴로운 일도 없고 위험한 일도 없

다. 야사여, 여기 와서 앉으라. 그대를 위하여 법을 설하리라.”

야사는 “여기는 괴로운 일도 없고 위험한 일도 없다.”는 세존의 말씀에 환희용약하여 황금 신을 벗고 세존이 계시는 곳에 가까이 나아가 세존께 예하고 한쪽에 앉았다. 세존은 그를 위하여 차례차례 말씀하셨다. 그것은 곧 보시와 지계, 그리고 천상에 나는 것과 오욕에 허물이 있는 것과 또 이것을 벗어나는 공덕이 있다는 것 등을 말씀하셨다.

야사의 마음이 부드러워져 거리낌이 없이 기쁘고 신념이 일어난 것을 아신 세존께서는 제불이 스스로 알아내신 설법, 곧 고집멸도를 설하셨다. 마치 깨끗하여 한 점 티가 없는 포목이 잘 물드는 것과 같이 야사는 그 자리에서 진구(塵垢)를 멀리 여의는 법을 얻었다.

“집(集)의 법은 모두 멸(滅)의 법이다.”

4
집(集)의 법은 모두 멸(滅)의 법이다

저는 아라한과를 증득하는 과정에 표현상으로는 다섯 비구와 야사 비구 사이에 차이점이 있는 것을 발견했습니다. 즉 야사비구의 경우는 부처님의 법문을 듣고 '그 자리에서 진구(塵垢)를 멀리 여의는 법을 얻음과 동시에 집의 법은 모두 멸의 법'이라고 깨달았다는 것이고, 다섯 비구의 경우는 '집의 법은 모두 멸의 법'임을 깨닫고 난 뒤에 부처님의 법문에 의하여 '마음에는 집착이 없어지고 모든 번뇌로부터 해탈했다'는 것입니다. 부처님 분상에서는 번뇌(煩惱) 즉 보리(菩提)임이 확실하다는 믿음이 생겼습니다.

여기에서 『방거사 어록』에 있는 방거사의 오도송(悟道頌)인 "신통이니 묘용이니 무엇을 말하는가[神通幷妙用] 물 긷고 나무 나르는 일 바로 그것인 것을[運水與搬柴]."이라는 게송도 이 경계에서 나온 말인 것을 깨닫게 되었습니다.

또한 『원각경(圓覺經)』의 "일체장애즉구경각(一切障礙卽究竟覺) 득념실념무비해탈(得念失念無非解脫)" 즉 일체 장애가 곧 구경각이니,

얻는 생각, 잃는 생각 모두가 해탈 아님이 없다. 즉 일체 장애가 바로 궁극적인 깨달음의 자리 바로 그것이라는 부처님 말씀이 허언(虛言) 이 아님을 깨닫게 되었습니다.

5
아난 존자의 깨침

소납이 아난 존자에 관해서 학교에서 배운, 즉 다문제일(多聞第一)인 아난 존자와는 전혀 다른 아난 존자를 만나게 된 것은 『무문관(無門關)』〈제22칙〉에 의해서입니다. 그 〈제22칙〉의 본문은 다음과 같았습니다.

> 어느 날 아난이 가섭 존자에게 가서 물었다.
> "석가세존께서는 가섭 존자께 금란가사(金襴袈裟) 이외에 또 무엇을 전하였습니까?"
> 그러자 가섭 존자는 "아난이여!" 하고 불렀다. 아난 존자가 "예" 하고 대답하니, 가섭 존자가 "문 밖의 찰간(刹竿)을 넘어뜨려라."라고 말했다.
> 이 화두에 대하여 무문 화상은 게송으로 이렇게 읊었다.

"아난의 질문보다 가섭의 대답이 깨달음의 경지에
일치된 것이다.
예부터 얼마나 많은 사람들이 이 본분사의 일을 위
해 두 눈을 부릅뜨고 참구하였는가?
형이 부르고 아우가 대답하니 형제 두 사람이 사이
좋게 가문의 추태를 천하에 드러냈다.
여기 음양의 변화와 시절인연에 관계없는 깨달음
의 생명이 넘치는 특별한 봄빛이 가득하네."

제가 조사어록을 공부하면서 가장 오랜 시간을 보낸 것은 바로 이 화
두와 『벽암록』〈제73칙〉'마대사사구백비(馬大師四句百非)'였습니다.
〈제73칙〉백미는 어떤 스님이 마조대사에게 깨달음에 대해서 물었
을 때 마조대사가 마지막으로 "지장의 머리는 희고 백장의 머리는 검
다[藏頭白 海頭黑]."는 대답이었습니다.

이 말씀을 깨닫기 위해서 『벽암록』의 해설과 관계있는 책들을
다 구해서 읽어보았지만 해결이 나지 않았습니다. 설두 선사의 송
(頌)도 도움이 되지 못했습니다. 마침내 검단산 각화사에 거처를 정
한 지 20여 년이 가까워 졌을 때, "40대에 검단산에 들어온 지 20년,
사하촌(寺下村)의 동네아이들이 나를 보고 할아버지스님이라 부르는
구나!"라는 글귀를 적어놓고야 이 화두에서 나올 수 있었습니다.
저는 광덕 큰스님께서 법문하신 내용을 녹취한 것을 엮어서 5

권의 책으로 만들어 지금도 가지고 있습니다. 그 책들을 거의 30번 이상을 읽었습니다. 한 3년 동안은 그것을 읽는 것을 일과로 삼았습니다. 그렇게 읽다가 큰스님 법문 중에 '아난 존자의 깨침'이라는 제목으로 법문한 내용이 있었습니다. 제가 고심하고 있던 『무문관』〈제22칙〉의 내용이었습니다. 조금 번거롭지만, 법문 내용 일부를 여기에 적어보겠습니다.

그런데 아난이 어떻게 해서 깨쳤던가? 부처님께서 열반에 드실 때에 아난은 도를 깨치지 못했습니다. 아난 존자는 부처님께서 열반에 드신 후, 부처님의 법을 이어받으신 가섭 존자에게 "스님께서는 부처님으로부터 법을 받으셨습니다. 그 법을 받은 표시로서 가사와 발우를 받았습니다. 그 밖에 받은 것이 무엇입니까? 부처님으로부터 이어받은 법이라는 게 무엇입니까?"라고 물었습니다.

그때 가섭 존자가 말합니다.

"아난아."

"예"

"문 밖의 찰간(刹竿)을 넘어뜨려라."

이 문답이 무슨 뜻인지 몰라 아난 존자는 7일을 생각했다고 합니다. 마침내 7일만에야 그 도리를 알았다고 합니다. "아난아" 부르면 "예" 대답하고 "이미 설법이 끝났으니 찰간대를 넘어뜨려라." 하는 그 도리를 알았던 것입니다. 그리하여 7일만에야 500명의 나한님들이 모여서 부처님께서 설하신 법문을 정리하는 경전결집 자리에 들어갈 수 있는 자격을 얻었습니다.

형제들과 더불어 거듭 마음속에 새기고 싶은 것은 아난이 어떻게 해서 오도(悟道)를 했는가 하는 것입니다. '아난이여' 부르고 '예' 하고 대답했습니다. 집에서도 가까운 가족들 사이에 '아무개야' 아니면 '여보' 하고 부르면 대답합니다. 서로 부르면 대답하는 그 사이는 아난 존자와 가섭 존자 사이의 문답과 차이가 없을 것입니다.

그런데 사실은 그 사이에 부처님의 일대교설(一大敎說), 정법안장(正法眼藏), 즉 부처님께서 깨달은 법 그 자체를 주고받는 전해 받는 도리가 완전히 다 있는 것입니다. 완전히 다 있다는 말은 바로 그것으로 그 법이 다 드러났음을 뜻합니다. 이 '찰간을 넘어뜨려라' 하는 말 가운데 나오는 것입니다.

여러 번 반복해서 말씀드립니다만 부르고 대답했던 그 사이에 부처님께서 깨달은 법 그 자체를 주

고받는 전해 받는 도리가 완전히 다 있는 부처님의
정법안장은 완전히 노출되어 있습니다.

저는 '아난이여'라고 부르고 '예' 하고 대답한 그 사이에 '부처님께서
깨달은 법 그 자체를 주고받는 전해 받는 도리가 완전히 다 있다'는
말씀에 주의했습니다.

저는 은사인 광덕 큰스님을 견성한 선지식(善知識)으로 여겼고
지금도 그렇게 생각하고 있습니다. 그런 큰스님이 1,000여 명이 경
청하고 있는 불광법회의 법상에서 그냥 '지식으로, 알음알이로' 이렇
게 말씀했다고는 생각하지 않았습니다.

아난 존자는 7일 만에 그 도리를 알았다고 했습니다만, 소납은
해오(解悟)를 견성으로 착각한 이래로 일 년여를 이 문제에 매달린
끝에 "일락서산월출동(日落西山月出東)이고 꽃은 붉고 버들은 푸른
것을 모르는 사람이 어디 있겠는가! 그러나 꽃은 붉고 버들은 푸른
그것과 한 몸이 된 사람이 있는가? 있다. 부처님이다. 이렇게 그것과
한 몸이 되는 것이 최대 최고의 공덕성취다."라는 확신이 들게 되었
습니다.

『수행일지』를 펼쳐보았습니다. 거기에는 "연기(緣起)의 이법(理
法)을 깨달아 연기법(緣起法)이 된 성자, 우주만유의 섭리(攝理)를 보
고 섭리가 된 어른, 신(神)의 섭리를 보고 신이 된 일체지자(一切智者),
그 성자를 우리는 부처님이라 부른다. 그래서 그 어른은 그것인 일심

(一心)을 깨달아 일심이 된 성자다."(2011. 3. 8. 미사리에서)라고 이미 제
가 적어놓고 있었습니다. 그것은 연기이법의 체득에서 나온 소리였
음을 깨달았습니다.

6
조사가 서쪽에서 오신 뜻[祖師西來意]

~~~~~

『벽암록』〈제17칙〉'향림서래의(香林西來意)'를 펼쳐보았습니다. 본칙은 "어떤 스님이 향림(908~987) 선사에게 묻기를 '어떤 것이 조사가 서쪽에서 오신 뜻입니까[如何是祖師西來意]?' 향림 선사가 말하기를 '오래 앉아 있으니 피곤하구나[坐久成勞].'"입니다. 어떤 스님과 향림 선사의 묻고 대답하는 그 속에 '부처님께서 깨달은 법 그 자체를 주고받는 전해 받는 도리가 완전히 다 있다'는 광덕 큰스님의 말씀이 허언이 아님을 알았습니다.

다음으로 어떤 스님이 취미 선사에게 물었다는 '조사서래의'를 보니, 법을 묻는 스님에게 "취미 선사가 말했다. '아무도 없을 때 오면 자네에게 말해 주겠네[待無人來向你道].' (이 말을 하고 취미 선사는) 정원 안으로 들어갔다. 스님이 뒤따라오면서 말했다. '여긴 아무도 없습니다. 말해 주시지요.' 취미 선사는 정원의 대나무들을 가리키며 말했다. '이 대나무는 이렇게 길고 저 대나무는 이렇게 짧다네[這一干竹得恁麼長 那一干竹得恁麼短].' 스님은 (취미의 이 말을 듣고) 활연히 크게 깨달
~~~~~

았다[忽然大悟].”

또 “어떤 스님이 구봉(930~985) 선사에게 묻기를, ‘깊은 산 가파른 벼랑, 사람이 없는 곳에도 불법이 있습니까?’ 구봉이 말했다. ‘있느니라.’ 스님이 말했다. ‘어떤 것이 깊은 산속의 불법입니까?’ 구봉 선사가 말했다. ‘큰 돌은 크고 작은 돌은 작다[石頭大底大 小底小].’”는 『전등록』의 구봉도전 선사의 법문에서도 의심이 없었습니다.

덕소 국사의 깨달음을 유발한 ‘조원(曹源)의 일적수(一滴水)’도, 『벽암록』〈제45칙〉에 있는 “어떤 스님이 조주 선사에게 묻기를 ‘삼라만상은 하나로 돌아가거니와 그 하나는 어디로 돌아갑니까[萬法歸一 一歸下處]?’ 하니, 조주 선사가 대답하기를 ‘내가 청주에 있을 때 한 벌 마포 두루마기를 만들었는데 그 무게가 일곱 근이었다[我在青州 作一領布衫 重七斤].’”는 화두도 저절로 터득되었습니다. 저는 황홀했습니다. 그래서 이렇게 게송을 지었습니다.

> 남한강 물길 따라 많은 종류 나무가 자라고 있네
> 봄바람이 남녘에서 불어오니
> 매화나무에서 매화꽃이 목련나무에서 목련화가
> 정해진 순서처럼 차례로 피는구나.

_2011년 10월 29일

오래전에 입적하신 은사스님이 보고 싶어 졌습니다. 은사스님이 생존해 계실 때는 법(法)에 관해서 여쭐 말이 없었습니다. 한 번은 "마하 반야바라밀에 관하여 의심이 생기면 나에게 물어라. 특히 『반야심경 강의』에는 다른 스님이나 학자들이 놓치고 있는 부분을 기술해 두었으니 읽다가 의심이 생기면 물어라."고 말씀하셨습니다.

그러나 저는 공부하다 의심이 생기면 조사어록을 비롯한 서적을 통하여 해결했었는데, 그날은 유난히 저의 깨달음에 대해서 점검을 받고 싶었습니다. 제 자만심 때문인지 다른 선지식은 생각나지 않았습니다. 소납은 지금 저의 경지가 견성인지 아닌지는 모릅니다. 다만 소납은 그날의 상태를 일을 마친 범부[了事凡夫]가 되었다고 생각하고 있기 때문에 이 책을 집필하고 있습니다.

제
2
부

달마의 심(心)종교

제 1 장

———

달마 조사에 관한 기록

1
달마 조사와의 만남-『벽암록』〈제1칙〉의 달마 조사

어느 해인지는 정확하게 기억이 안 납니다만, 은사스님께서 저에게 시간을 내어서 조사어록을 좀 보라고 말씀하신 적이 있었습니다. 그러나 그때는 불광법회와 불광사의 일을 같이 보는 처지였기 때문에, 조사어록을 공부할 시간적 여유가 없다는 핑계로 차일피일 미루고 있었습니다.

그 후 조사어록을 보기 시작한 때가 각화사에 정착한 1995년 여름이었습니다. 먼저 선택한 책이 『벽암록』이었는데, 이 책의 〈제1칙〉인 '무제가 달마에게 묻다[武帝問達磨]'를 접한 것이 실질적으로 달마 조사와의 첫 만남이었습니다. 이전에도 물론 달마 조사에 관해서 배우고 공부한 적이 없지는 않았지만, 그때는 역사적으로 중국 선종의 초조(初祖)로서 달마 조사를 이해하는 정도였습니다.

그런데 〈제1칙〉을 접하는 순간 『벽암록』이라는 조사어록이 쉽게 읽을 수 있는 그런 종류의 책이 아니라는 것을 바로 알았습니다. 출가해서 지금까지 공부했던, 머리로써 이해가 되어 진도(進度)가 나갈 수 있는 그러한 것이 아니었습니다. 〈제1칙〉을 빨리 끝내고 〈제2칙〉 〈제3칙〉으로 넘어가고 싶은 생각은 간절했지만, 결코 넘어갈 수 없는 문제가 저를 어렵게 하고 힘들게 했습니다.

그럼 무엇이 저를 그렇게 힘들게 했는가는 〈제1칙〉인 '무제가 달마에게 묻다[武帝問達磨]'를 살펴본 뒤에 말씀드리겠습니다.

양나라 무제가 달마 조사에게 물었다.

"어떤 것이 '성스러운 진리의 핵심[聖諦第一義]'입니까?"

달마 조사가 말했다.

"텅 비어서 성스러운 진리마저 없습니다[廓然無聖]."

무제가 물었다.

"(그렇다면) 짐과 마주한 그대는 누구요?"

달마 조사가 말했다.

"모릅니다[不識]."

무제는 달마 조사의 말을 알아듣지 못했다.

(그래서) 달마 조사는 양자강을 건너 위(魏)나라로

갔다.

무제는 나중에 (이 일을) 지공 화상에게 물었다.

지공 화상이 말했다.

"폐하, 이 사람이 누구인지 아십니까?"

무제가 말했다.

“모르오[不識].”

지공 화상이 말했다.

“그는 관음보살(의 화신으)로서 부처님의 가르침[心
印]을 전하고 계십니다.”

무제는 후회하고 사신을 보내어 모셔오려고 했다.

지공 화상이 말했다.

“폐하께서 사신을 보내어 모셔온다는 것은 말할 것
도 없고, 온 나라 사람이 다 가더라도 그는 오지 않
을 것입니다.”

저는 먼저 ‘성스러운 진리의 핵심[聖諦第一義]’이라는 양무제의 말에
공감이 갔습니다. 왜냐하면 저도 불교를 공부하면서 교리의 다양성
에 황당해 한 적이 많았고, 따라서 핵심이 무엇인지 알고 싶었기 때
문입니다. 그런데 더 황당한 것은 달마 조사의 ‘텅 비어서 성스러운
진리마저 없다[廓然無聖]’는 대답이었습니다.

그리고 그 다음이 ‘그렇다면 짐과 마주한 그대는 누구냐’는 무제
의 물음에 ‘모른다[不識]’는 달마 조사의 대답이었습니다.

그날부터 저의 뇌리에는 확연무성(廓然無聖)과 불식(不識)이라는
단어가 들어앉았습니다. ‘텅 비었다’는 상태가 어떤 것이고, ‘모른다’
는 말이 무엇을 뜻하는지가 너무나도 궁금했습니다. 저는『대품반야
경』을 번역하고『반야불교 신행론』을 집필하면서,『반야경』에서 설

하고 있는 '공(空)의 의미'에 대하여 안다고 생각했습니다. 공(空)이란 유(有)·무(無)를 초월한 상태라고 강의도 하고 법문도 했기 때문에, 누구보다도 공에 관해서는 잘 알고 있다고 생각하고 있었습니다.

그러나 그것이 아니었습니다. '텅 빈 그 자리', '불식의 자리'를 보지 못하고 있었습니다. 본성(本性)자리를 단순히 이해하고 있을 뿐이었습니다. 소위 해오(解悟)의 상태에 있으면서 그것이 견성(見性)이라고 착각하고 있었습니다. 이렇게 제 자신을 바르게 보았을 때, 『벽암록』이 지금까지와는 전혀 다른 상태로 다가왔습니다. 『벽암록』을 보는 것이 일과가 되었습니다. 한 칙(則) 한 칙에 몰두하면서 『벽암록』을 보았습니다. 그러다보면 언젠가는 확연무성을 직접 볼 수 있을 것이라는 생각이었습니다.

앞에서 말씀드린 것처럼, 드디어 그런 때가 왔습니다. '텅 빈 내[我]'가 몸 전체에서 보였습니다. 유무(有無)를 초월한 확연무성이 스스로 찾아왔습니다. 때는 2010년 10월 27일이었습니다. 그런데 뒤에 보니 그것은 상사각(相似覺)이었음을 알았습니다. 확연무성까지도 넘어 선 자리가 있었습니다. 흔히 본성자리를 허공(虛空)에 비유하곤 합니다만, 허공을 넘어선 불공처(不空處)가 있었습니다. 그리고 그 불공처가 보살이 머무는 곳이고, 그 불공처에서 신통(神通)과 묘유(妙有)가 작동하고 온갖 창조가 이루어짐을 보았습니다.

2
달마 조사의 전기(傳記)

〰〰〰

『이입사행론장권자(二入四行論長卷子)』

동북아시아 불교에서 등장하는 인물들 가운데 달마 조사만큼 신비한 스님도 없을 것입니다. 아래에서 살펴볼 돈황본『이입사행론장권자(二入四行論長卷子)』에는 달마 조사가 태어난 나라와 출생 성분 등이 기록되어 있지만, 이것이 발견되기 전까지는 조사에 관한 모든 것이 베일에 싸여 있었습니다. 그러다보니 선종(禪宗)의 전등사서(傳燈史書)에 나타나는 달마 조사는 시대가 지날수록 그 인물됨이 점점 증폭되고 거기에 조사에 관한 전설적인 일화들이 첨가되었습니다.

입적 후에 갈대 잎을 타고 서역으로 갔다느니, 달마도(達磨圖)에 보이는 흉측한 얼굴 모습은 영혼이 바뀐 때문이라는 등 갖가지 신비한 일화들이 나타났습니다. 이러한 것들은 지금이라고 하여 예외가 아닙니다. 달마도가 수맥을 차단한다느니 달마도를 지니고 있으면 재앙이 없어지고 복이 들어온다는 등의 이야기들이 지금도 범람하고 있습니다.

그러나 저는 이 책을 통하여 이러한 모든 신비적인 요소들은 배제하고, 조사의 사상이 그때까지 동북아시아 불교를 지배했던 석가모니 부처님의 가르침과는 결이 다른 선종을 일으켰다는 것과, 그 선종은 앞의 제2장에서 살펴본 것처럼, 부처를 아라한의 깨달음에서 찾는 것이 아니라, 오직 마음에서 찾는다는 사실을 피력하고자 합니다.

왜냐하면 달마 조사의 이 사상이 『화엄경(華嚴經)』에서 설하고 있는 "일체의 모든 것은 오직 마음이 만들고[一切唯心造], 나타나 있는 모든 것은 오직 마음의 표현이다[一切唯心所顯]"라는 불교의 근본대의(根本大意)를 적확(的確)하게 보여주고 있을 뿐만 아니라, 『대품반야경』을 비롯한 600부 반야경전에서 설하고 있는 '내 생명 부처님 무량공덕 생명, 내 생명 마하반야바라밀 생명'을 증명해 주고 있기 때문입니다.

또한 우리 모두가 참선수행을 통하여 혹은 반야바라밀 염송수행을 통하여 조사께서 증득하신 그 자리에 도달할 수 있음을 보여주셨기 때문입니다. 그럼 지금부터 『이입사행론장권자』를 통하여 조사의 전기와 사상을 살펴보겠습니다.

法師者는 西域南天竺國人이니 是大婆羅門國王第三之子也이라 神惠疎朗하야 聞皆曉晤요 志存摩訶衍道니라 故捨素從緇하야 紹隆聖種하야 冥心虛寂하다 通鑑世事하야 內外俱明하야 德超世表니라 悲悔邊隅正教陵替하다 遂能遠涉山海하야 遊化漢魏하

다 亡心之士는 莫不歸信니 取相存見之流는 乃生譏謗하다

해석

달마 조사는 남천축국 출신의 서역인으로 위대한 바라문왕의 셋째 왕자이다. 명석한 두뇌를 갖고 있어 무엇을 배우든 간에 곧바로 통달했다. 마음을 대승불교의 가르침에 두었다. 때문에 출가하여 부처님의 가르침을 계승하여 흥륭시키고 마음을 열반의 무위적정에 두었다. 그러면서도 세간사를 두루 관찰하고 내외에 모두 통달하며 덕이 높아 세간의 사람들을 뛰어 넘었다.

그러나 변방 나라의 불교가 정법이 쇠퇴해가는 것을 유감스럽게 생각하고, 자진하여 멀리 바다를 건너고 산을 넘어서 중국의 위(魏)나라 땅에 포교하러 왔다. 마음이 순수하고 곧은 사람은 너나 할 것 없이 다 귀의했지만, 외형에 머무르고 주의주장에 얽매인 사람들은 곧 방해하기 시작했다. 소박하고 정직한 마음을 지닌 사람들은 모두 귀의하였지만, 형상에 집착하고 주의주장에 얽매인 사람들은 대사를 비방하였다.

강설

달마 조사로부터 시작되는 선(禪)은 초기 인도불교와는 다른 중국 민족 고유의 사상으로서의 불교입니다. 중국불교는 7~8세기 사이에 그 철학의 일단을 매듭짓고 새로운 불교사상운동을 시작합니다. 그것은 지금까지는 볼 수 없었던 민족 자체의 종교였습니다. 따라서 선불교는 중국불교의 탄생을 의미하고 있습니다. 저는 이것을 '달마의 심(心)종교'의 탄생이라고 이름 붙이고 싶습니다.

선은 이제 불교의 일파가 아니라, 그것 자체로 하나의 고유하고 거대한 인류의 지적 유산으로 다루어줄 것을 요구하는 것입니다. 선종은 참신한 본래 인간의 사상 그 자체를 환생시키는 종교인 것입니다. 그런데 이렇게 중국 민족의 종교로서 발생한 선은 예기치 않게도 중국 민족의 영역을 뛰어넘어 그 국제성을 발휘하였습니다. 제일 먼저 거기에 뛰어든 민족이 우리 한민족입니다.

달마라는 이름을 지닌 스님이 중국 땅에 처음 등장하는 것은 『낙양가람기(洛陽伽藍記)』라는 책인데, 거기에는 다음과 같은 기술이 있습니다.

"그 즈음 서역에서 온 보리달마(菩提達摩)라는 사문이 있었다. 페르시아 태생의 호인(胡人)이다. 멀리 변경 지역에서 중국에 막 도착하여, 탑의 금반이 햇빛을 받아 빛나고, 광명이 구름을 뚫고 쏟아지며, 보탁이 바람에 울려 허공에 메아리치는 것을 보면서, 그는 성가(聖歌)를 읊조려 찬탄하고 분명히 신의 조화라고 칭송했다. 그는 나이가 150세로 많은 나라를 돌아다녀 가보지 않은 곳이 없었지만,

이토록 훌륭한 절은 이 지상에는 존재하지 않으며,
부처의 나라를 찾아도 이만한 곳은 아닐 거라고 말
하면서 '나무 나무'를 부르며 며칠이나 합장을 계
속했다."

이 기록이 달마 조사의 전기로서는 현존하는 가장 오래된 자료입니
다. 모두 도선(道宣)의 『속고승전』「제16 제업하남천축승보리달마
전」, 『능가사자기』, 『경덕전등록』〈제3〉, 『선문촬요』에 수록되어 있습
니다. 그런데 이 기록에 나오는 페르시아 태생의 호인이 『이입사행론
장권자』에서는 '남천축국 출신의 서역인으로 바라문왕의 셋째 왕자'
로 바뀌게 됩니다. 여기에서 어떤 말이 진실인가 하는 것은 중요하지
않다고 생각합니다. 왜냐하면 『이입사행론』을 쓴 인물인 담림 스님
이 조사의 제자이기 때문입니다.

**于時에 唯有道育慧可하야 此二沙門은 年雖後生하야 俊志高遠
하니 幸逢法師를 事之數載하야 虔恭諮啓하야 善蒙師意라 法師
感其精誠하야 誨以眞道하야 如是安心하고 如是發行하야 如是
順物하야 如是方便하야 此是大乘이니라 安心之法을 令無錯謬
이니 如是安心者는 壁觀이니 如是發行者는 四行이니 如是順物
者는 防護譏嫌하야 如是方便者는 遣其不著이니라 此에 略序所
由하야 意在後文하다**

그때에 오직 도육(道育)과 혜가(慧可)만이 있었을 뿐이었는데, 이 사문은 젊었으면서도 의지가 높고 원대하였다. 대사를 만나게 된 것을 기뻐하여 수년 동안 정성껏 섬기면서 겸허하게 가르침을 받아 스승의 정신을 잘 마음으로부터 체득하였다. 대사는 그들의 정성에 감동하여 불도의 참 진리를 전했다. 예를 들면, '이와 같이 안심하며, 이와 같이 실행하며, 이와 같이 사람들과 융화하며, 이와 같이 방편을 쓰라. 이것이 대승안심의 가르침이므로 사람들을 잘못 되지 않게 하라.'고 하는 것이 그것이다.

　　'이와 같이 마음을 안정시키라'는 것은 벽처럼 마음을 안정시키라[壁觀]는 것이고, '이와 같이 실행하라'는 것은 깨침의 네 가지 실천[四行]이다. '이와 같이 사람과 융화하라'는 것은 세간의 비방으로부터 몸을 보호하라는 것이고, '이와 같이 방편을 쓰라'는 것은 위의 갖가지 방법에 조차도 집착하지 말라는 것이다. 이상에서 간단하게 가르침의 유래를 서술했지만, 그 자세한 뜻은 뒤의 본문에서 다루도록 한다.

달마 조사가 가르침을 펼치던 처음에 제자가 된 스님은 도육과 혜가만 있었을 뿐이었습니다. 그리고 두 스님에게 조사가 가르침으로 제시하고 있는 '이와 같이 안심하며, 이와 같이 실행하며, 이와 같이 사람들과 융화하며, 이와 같이 방편을 쓰라'는 것이 달마선법(達摩禪法)의 핵심이고 혜능 스님의 불교며 한국불교를 면면히 이어 온 근본사상입니다. 지금부터 조사의 핵심사상에 관하여 살펴보겠습니다.

두 개의 입장, 이법과 행위의 발견

夫入道多途나 要而言之하면 不出二種이니 一은 是理入이요 二는 是行入이니라 理入者는 謂藉教悟宗하야 深信含生이 凡聖이 同一眞性이나 但爲客塵妄覆하야 不能顯了니 若也捨妄歸眞하야 凝住壁觀하면 自他凡聖이 等一하며 堅住不移하야 更不墮於文教니 此即與理冥符하야 無有分別하고 寂然無爲를 名之理入이다.

해석

무릇 깨달음에 이르는 방법은 많지만 간략히 말하면 두 가지로 요약된다. 첫째는 이입(理入; 본래로 돌아가는 원리)이고, 둘째는 행입(行入; 본래로 돌아가기 위한 실천)이다. 이입이란 경전을 통해서 불법대의를 앎[藉教悟宗]을 말하는 것으로 다음과 같다. 곧 마음이 있는 사람은 범부나 성인 모두 한결같은 진심을 갖고 있지만 단지 외부에서 오는 망상[客塵]에 뒤덮여 그 진성을 드러내지 못할 뿐이라고 깊이 믿는 것이다.

만약 일시적인 생각을 멈추고 본래의 진실로 돌아가[捨妄歸眞] 벽관에 충실하면, 자기와 타인 및 범부와 성인이 본질적으로 동일하다는 경지에 굳게 머물러 움직임이 없게 된다. 다시 고전의 가르침을 따르지 않고도 이미 진리와 암묵 속에서 계합함으로써, 새삼스럽게 분별할 것이 없는 고요한 무위가 되는 것이다. 이것이 이입이다.

강설

(1) 달마 조사 심종교(心宗敎)의 기본 골격

여기서부터 초기불교와는 다른 달마 조사의 심종교(心宗敎)의 기본 골격이 제시되고 있습니다. 여기에 의하면 조사의 가르침은 이른바 이입(理入)이며 구체적으로는 사행(四行)입니다. 이입이란 이법(理法)과 행위를 말합니다. 즉 본래부처라는 이법과 그 자리에 이르기 위한 방법으로서의 수행 방법입니다.

이를테면 이입(理入)은 수행생활의 근거이며, 행입(行入)은 그 구체적인 수행의 실천입니다. 원래 '입(入)'이라는 말은 불교학의 술어로는 깨달음이라는 뜻입니다. 스스로 긍정하는 것입니다. 이쪽이 긍정하면 저쪽이 긍정한다는 것입니다. 그러나 저쪽은 진(眞)으로서 스스로 얼굴을 내미는 것이기 때문에 긍정하는 것은 언제나 이쪽의 일이지만, 이쪽이 긍정하는 것은 이미 저쪽이 긍정했기 때문입니다. 둘이 하나로 긍정되어 만나는 그러한 긍정의 전체가 입의 세계입니다.

거기에서는 듦[入]도 남[出]도 없습니다. 그러나 불교학은 굳이 이것을 입이라고 부르는 것입니다. 그래서 입열반(入涅槃), 입불이법

103

문(入不二法門)이라고 합니다. 입이라는 말이 이법과 행위를 일관하고 있는 것은 당연하며, 이것은 높은 단계의 실천으로서 이미 실천의 틀을 초월하고 있는 것입니다.

형이상학적인 이법의 깨달음으로서의 이입(理入)은 철저하게 행위와 혼동됨이 없이 그것 자체의 뚜렷한 영역을 가지면서 더불어 깨달음의 원리로서 항상 행입(行入)으로 확대되어 하나하나의 행입에 이입(理入)의 실상을 부여해 갑니다. 이입 없이 행입은 없으며 행입 없이 이입도 없습니다. 오히려 그렇기 때문에 그러한 이입(理入)의 생동하는 전체적 움직임 속에서 억지로 이법과 혼동되지 않는 행위와, 행위와 혼동되지 않는 이법의 입장을 구분한 것입니다. 이법은 세로 행위는 가로, 이법은 무시간적인 공간, 행위는 부단히 공간을 가르는 시간에 해당합니다.

(2) 경전을 통해서 불법대의를 앎

담림 스님은 달마 조사의 이입(理入)을 '경전을 통해서 불법대의를 앎[藉教悟宗]'이라고 설명하고 있습니다. 원문은 '자교오종(藉教悟宗)'입니다. 교(教)는 말할 필요도 없이 경전이지만, 반드시 『능가경』이나 『유마경』과 같은 특정한 경전을 가리키는 것이 아니라, 여기에서는 한역경전에 나오는 일반적인 '교(教)'의 성격을 비판하는 것이라고 볼 수 있습니다. 말하자면 조사의 불법은 당시 교학에 푹 빠져 있던 특정한 경전에 의거하는 교의대계(教義大系), 즉 특정교단에 의하지 않고 어떠한 경전이든 간에 임의의 경전에 의하여 그 종지를 깨닫는 것에서 출발하는 것입니다.

문제는 '깨닫는다'는 것에 있습니다. 특히 '교에 의거하여 종(宗)을 깨닫는다'는 말은 '교'에 대한 불교의 편향성을 비판하는 의미를 갖고 있습니다. 중국의 학문은 시기의 적절함에 따르는 시교(時敎)의 경향이 있습니다. 조사는 한낱 이방인에 불과하기 때문에 복잡하고 까다로운 중국불교의 전통에 대해서 신경 쓸 필요가 없었습니다. 경전은 모두 달을 가리키는 손가락일 뿐입니다. 문제는 달에 있지 손가락에 있는 것은 아닙니다. 조사께서 내세운 『능가경』이 유일한 손가락이었습니다. 자성청정(自性淸淨)이 바로 그것입니다. 조사는 새로운 손가락이 됩니다.

요컨대 경전을 통하여 불법의 대의를 아는 것에서 조사의 본의는 끝난다는 것입니다. 불법의 적적대의(的的大意)는 일대시교의 목적이 자기 한 사람을 상대로 하는 것이었음을 아는 것입니다. 거기에는 자신과 같은 부처님이 있고, 부처님과 같은 자신이 있습니다. 곧이어 조사의 제자들은 교를 떠나서 대답을 구합니다. 때문에 깨달음을 위한 본격적인 선문답(禪問答)은 모두 조사의 말에 대한 부연이라고 볼 수 있습니다.

(3) 교설의 기본이 되는 실천, 벽관(壁觀)

조사가 가르친 교설의 기본이 되는 실천을 벽관(壁觀)이라고 부릅니

다. 그런데 이 벽관수행을 과거의 선사들은 종종 ‘벽을 본다’는 의미
로 해석하여 조사가 종일 벽을 향하여 좌선했다거나 9년 면벽했다고
말하곤 했습니다. 이러한 해석은 『전등록』의 「달마전」에서 “숭산 소
림사에 칩거하면서 면벽(面壁)하고 하루 종일 묵묵히 앉아 있으니 아
무도 그를 아는 이가 없어, 그를 벽관 바라문이라 하였다.”라고 하는
것에서 유래하지 않았는가 생각합니다.

그런데 일본의 야나기다(柳田聖山) 교수는 ‘벽관은 벽을 바라본
다는 의미가 아니라, 벽이 본다는 의미’라고 말하고 있습니다. 저는
한문의 문법을 특별히 공부한 일이 없기 때문에 문법적으로 어느 쪽
말이 정답인지는 모르겠습니다. 그러나 소납은 야나기다 교수의 ‘벽
이 본다는 의미’가 맞는 말이라고 생각합니다. 왜냐하면 불교의 근본
대의(根本大意)에서 보면, ‘이 세상의 두두물물(頭頭物物)은 모두 부처
의 현현(顯現)’이기 때문에 자신이 어디에 있던 부처인 자신을 부처가
보고 있는 것입니다. 저는 조사가 외형적으로는 벽을 보고 앉아 있었
지만, 내면적으로는 부처인 벽이 조사 자신을 보고 있는 경지에 계셨
다고 생각하고 있기 때문입니다.

(4) 사망귀진(捨妄歸眞)

담림 스님은 여기서 ‘일시적인 생각을 멈추고 본래의 진실로 돌아가
벽관에 충실한다’는 말을 하고 있습니다. 즉 벽관은 구체적으로 말하
면 일시적인 생각을 중지하고 진실로 되돌아오는 공부입니다. 원문

은 '사망귀진(捨妄歸眞)'입니다. 망(妄)은 일시적인 생각을 의미합니다. 본래는 존재하지 않는 것이 보였다 안 보였다 하는 것입니다. 이 것이 미혹입니다. 진실을 보지 못하고 본래 있지도 않는 것이 보이는 것입니다.

깨달음이란 본래는 존재하지 않는 것을 보지 않고 일시적인 생 각으로는 보지 못한 진실로 되돌아가는 것입니다. 새로운 진실이 모 습을 나타내는 것이 아니라, 보지 못하기 때문에 알지 못할 뿐, 미혹 하지 않으면 새삼스럽게 깨달을 것도 없는 것입니다. 이러한 모순적 인 구조를 '사망귀진'이라고 합니다. '귀진'이란 진실로 돌아가는 것 이지만, 오히려 진실에 자리 잡는 것이지 단순히 오고 감의 '귀(歸)'와 는 다른 의미를 갖습니다. 그곳이 본래의 자리인 것이며 지금까지의 방향이 비본래적인 것일 뿐입니다.

그러한 망념을 버리는 것만으로 충분합니다. 돈오라고 말한 것 은 바로 그런 이유에서인 것입니다. 본래의 자리에서는 돈(頓)도 점 (漸)도 없는 것입니다. 보지 못하기 때문에 알지 못할 뿐, 미혹하지 않 으면 새삼스럽게 깨달을 것도 없는 것입니다. 돈오(頓悟)라고 말한 것 은 바로 그런 이유에서인 것이다.

(5) 요요상지(了了常知)·영지불매(靈知不昧)

또한 조사의 벽관에는 요요상지(了了常知), 또는 영지불매(靈知不昧)라 는 의미가 들어 있습니다. 종밀 스님의 『선원제전집도서』에 따르면,

조사는 혜가 스님의 벽관을 시험하려고 "단멸하는가?"라고 묻습니다. 혜가 스님은 "요요상지하기 때문에 말로 표현할 수 없다."고 대답합니다. 조사는 "그것이 바로 모든 부처님이 전하는 심체(心體)로 의심해서는 안 된다."고 가르칩니다. 좌선의 각오를 이만큼 적확하게 표현해낸 말은 드물다고 생각합니다.

종밀 스님은 같은 책에서 "달마는 절묘하게 경문을 버리고 곧바로 마음만을 전하여 암묵(暗默) 속에서 마음이라는 이름으로 마음의 본질인 자각[知]의 입장을 보이고, 벽관에 비유하여 각종의 외면적인 유대를 끊게 하려고 했다."고 했습니다. 또한『소실육문』「제2문」에서 말하고 있는 "밖으로 모든 인연을 쉬고 안으로 마음에 헐떡거림이 없어서 마음이 장벽과 같으면 가히 도에 들어간다[外息諸緣 內心無喘 心如牆壁]."라는 것도 요요상지가 벽관임을 밝히고 있는 것입니다.

(6) 깊이 믿는 것[深信]

다음으로 중요한 것이 믿는 것, 즉 심신(深信)입니다. 다시 말하지만, 이입(理入)은 고차원적인 실천입니다. 깊은 믿음은 그러한 실천의 내용입니다. 믿음과 깨달음은 표리의 관계에 있습니다. 자신의 자각을 부처님의 말로 돌리는 것이 믿음입니다. 범부나 성인 모두 똑같은 진실심을 갖고 있습니다. 깊은 믿음은 일종의 정신현상론인 것입니다. 이를테면 깊은 믿음은 불신을 계기로 합니다. 진실심은 객진이 덮인 그러한 비본래적인 것에 의해서 바야흐로 자신을 확실한 것으로 합니다.

　객은 주인이 아닙니다. 언젠가 객은 떠나 버립니다. 주인은 그러한 객과 상대적입니다. 객은 오기도 하고 가기도 하지만 주인은 주인으로서의 임무를 완수해야 합니다. 노자(老子)는 이것을 복귀(復歸)라 하고 천망회회(天網恢恢)라고 했습니다. 후에 육조혜능 조사가 본래 무일물(本來無一物)이라고 한 발상도 이미 여기에 들어 있습니다.

　끼이는 티끌이나 묻지 않으려는 조심성도 이미 쓸모가 없습니다. 이로부터 본격적인 실천이 시작됩니다. 벽관이 바로 그것입니다. 벽관에는 자타나 범부의 차별이 없습니다. 고전의 가르침을 따름도 없습니다. 사람들은 일체의 경전에 의해서 병자가 됩니다. 본래는 범부도 성인도 없고, 무위(無爲)에 드는 것조차 필요 없습니다. 들고 남의 구별이 이미 없는 것입니다. 이것이 바로 이입(理入)입니다.

3
본래로 돌아가기 위한 네 가지 실천

行入者는 所謂四行이니 其余諸行은 悉入此行中이니라 何等이
爲四오 一者는 報怨行이요 二者는 隨緣行이요 三者는 無所求行
이요 四者는 稱法行이니라

해석

본래로 돌아가기 위한 실천[行入]이란 네 가지 생활방식으로, 그 밖의
모든 실천은 모두 이 수행에 포함된다. 네 가지란 무엇인가? 첫째는
보원행(報怨行)이고, 둘째는 수연행(隨緣行)이며, 셋째는 무소구행(無
所求行)이고, 넷째는 칭법행(稱法行)이다.

강설

위에서 이입(理入)과 행입(行入)에 관해서 살펴보았습니다. 여기에서
는 본래로 돌아가기 위한 실천으로서의 구체적인 방법, 즉 깨달음을
증득하기 위해서는 어떤 수행을 해야 하는가에 대하여 말하고 있습

니다. 물론 초기불교에서도 이 점은 여러 가지로 설명하고 있습니다만, 달마 조사가 제시하는 방법은 이것과는 결이 다른 것입니다. 조사는 구체적인 수행 방법을 네 가지로 나누어 밝히고 있습니다.

첫째는 금생에 사람으로 태어나서 수행하면서 겪고 있는 장애나 역경은 전생에 지은 결과임을 알고, 자신이 전생에 남에게 저질렀던 원한을 살만한 행위에 보답하는 행동을 하는 것으로 깨달음을 얻는 수행입니다. 둘째는 현생에서 만나는 갖가지 인연에 따르는 것으로 깨달음을 증득하기 위해서 하는 수행입니다. 셋째는 자신이 하는 행위나 행동에 대하여 깨달음을 비롯한 어떤 과보를 구하지 않고, 일체의 대상에 대하여 집착이 없이 깨달음을 얻는 수행입니다. 넷째는 법의 본성에 부합하는 행위나 행동으로 깨달음을 얻고자 수행하는 것입니다.

첫째는 전생의 원한에 보답하는 행위[報怨行]

云何報怨行오 修道行人이 若受苦時에 當自念言하되 我從往昔의 無數劫中에 棄本從末하고 流浪諸有하야 多起怨憎하며 違害無限하니 今雖無犯이나 是我宿殃이며 惡業果熟이요 非天이며 非人의 所能見與라 甘心忍受하야 都無怨訴니라 經에 云하사되 逢苦不憂하시니 何以故오 識達本故라 此心生時에 與理相應하야 體怨進道니 是故로 說言報怨行이요

전생의 원한에 보답하는 행위[報怨行]란 무엇인가? 수행자가 고통을 당했을 경우에는 반드시 이와 같이 생각하는 것이다. '나는 아득한 전생부터 무한한 세월에 걸쳐서 근본을 잊은 채 지말(枝末)을 따르고, 미혹한 세계에 헤매면서 수많은 원한을 품은 채, 남과 대립하여 사람들을 해쳐왔다. 현생에서 비록 죄를 범하지는 않았지만 모두 내가 전생에 뿌린 재앙과 악업의 결과가 성숙한 것이지, 하늘이나 악마가 보여주는 것이 아니다. 달가운 마음으로 받아들이며 원망 같은 것은 하지 않으리라'고.

어느 경전에서는 "괴로움을 만나더라도 마음에 두지 말라. 왜냐하면 상황을 인식하는 힘이 근본에까지 도달하여 진리를 알았기 때문이다."라고 설하고 있다. 이렇게 생각하면 이법과 하나가 되며, 원망을 계기로 오히려 도(道)에 들게 된다. 이런 까닭에 전생의 원한에 보답하는 행위[報怨行]라고 한다.

(1) 중국적인 발상

거의 모든 사람들이 가지고 있다고 볼 수 있는 '남을 원망하는 생각'은 다섯 가지 감정[五情]의 하나로 감정 중에서 으뜸가는 것입니다. 사람들은 흔히 희로애락에 원(怨)자를 덧붙여 다섯 가지 감정이라고 부릅니다. 그리고 다음의 '현생의 인연에 맡기는 행위[隨緣行]' 부분에서

“기쁨의 바람[喜風]에도 동요하지 않는다.”에서의 기쁨의 바람은 보원행(報怨行)에서의 다섯 가지 감정의 컨트롤을 받는다고 할 수 있습니다. 전통불교에서는 다섯 가지 감정을 눈·코·귀·혀·몸[眼耳鼻舌身]이라는 다섯 가지 감각기관[五根]의 정이라고 해석하고 있습니다.

조사가 전통불교의 용어를 쓰지 않고 보원행을 설한 것은 지극히 중국적인 발상이라고 하지 않을 수 없습니다. 수행자로서 받는 현세의 육체적 고통을 동기로 하여 이를 전생에 지은 원망의 과보라고 생각하여 회피하는 것이 아니라, 달게 감수하는 각오가 단순한 수동적인 태도에서 원망을 계기로 하여 도에 든다고 하는, 더욱 적극적인 수행으로 전환되는 데에 보원행의 특색이 있습니다.

(2) 반야개공(般若皆空)의 체득에서 구하는 해탈

‘괴로움을 만나더라도 마음에 두지 말라’는 인용 경전은 저의 과문(寡聞)의 탓인지 확인할 수가 없습니다. 다만 고뇌의 해탈을 반야개공(般若皆空)의 체득에서 구하고 있는 『반야경』을 연상해 볼 수 있지 않을까 생각합니다. 마찬가지로 ‘상황을 인식하는 힘이 근본에까지 도달하여 진리를 알았기 때문이다’라고 하는 것도 그러한 공리(空理)의 인식을 가리킨다고 볼 수 있을 것 같습니다.

보원이라는 매우 구체적이고 일상적인 실천 속에서 ‘벽처럼 마음을 안정시키라’는 벽관을 확인하는 것입니다. 만약 남에게 수모를 당했다면 분노하고 변명하기에 앞서 자기 자신에게 그런 모욕을 받을 이유가 과거에 있을 것이라고 먼저 생각하는 것이 수행자의 지혜입니다. 지금은 비록 아무 일이 없을지라도 과거 언젠가 수모를 당할 만한 생각이나 행동이 있었을 것입니다.

그것은 금생만이 아니고 보다 먼 과거세의 일일지도 모릅니다. 원인이 없는 곳에 결과는 없는 것입니다. 지금 남에게 욕을 당하는 것은 과거에 지은 행위가 있고 그 과(果)가 지금 형상으로 나타나서 소멸된다는 것을 안다면 어떤 악구라도 참을 수 있는 것입니다. 도리어 감사하게 받을 수 있는 것입니다. 흥분하지 않고 평온할 수 있는 것입니다.

(3) 인욕바라밀의 수행

대승불교의 매우 중요한 수행덕목으로 육바라밀(六波羅蜜)이 있고, 육바라밀의 세 번째 항목이 인욕바라밀입니다. 이 인욕바라밀에 관하여 『대품반야경』「문승품 제18」에는 다음과 같이 설하고 있습니다.

> "수보리야, 보살마하살은 일체지에 합치하는 마음
> 으로써 스스로 참음을 원만히 갖추고, 또한 타인으
> 로 하여금 참음을 행하게 하니, 얻을 것이 없음인
> 까닭이다. 이것을 보살마하살의 인욕바라밀이라
> 고 말한다."

또한 『유가사지론』〈권57〉에는 인욕바라밀의 구체적인 방법으로 세 가지, 즉 첫 번째는 '분노하지 않는 것이다.' 두 번째는 '원한을 갚지 않는 것이다.' 세 번째는 '악심을 품지 않는 것이다'라고 들고 있습니다. 그래서 육바라밀 가운데 나머지 다섯 가지 바라밀은 인욕바라밀이 없이는 성취될 수 없다고 합니다.

인욕이란 이렇게 힘든 수행입니다. 그런데 조사는 이 인욕바라밀을 본래로 돌아가기 위한 네 가지 실천의 한 덕목으로 설정하고, '전생의 원한에 보답하는 행위'라고 이름하고 있습니다. 그 이유에 관해서는 네 가지 실천의 네 덕목을 설명한 후에 함께 하도록 하겠습니다.

둘째는 현생의 인연에 맡기는 행위[隨緣行]

第二隨緣行者는 衆生無我라 並緣業所轉하야 苦樂齊受니 皆從緣生이니라 若得勝報榮譽等事라도 是我過去宿因所感이라 今方得之나 緣盡還無하리니 何喜之有리오 得失從緣하야 心無增減하며 喜風不動하야 冥順於道니 是故로 說言隨緣行이요

해석

둘째 현생의 인연에 맡기는 행위[隨緣行]라는 것은 생명을 가지고 살아가는 것은 자아라는 영원한 실체가 없이 모두 인연을 따라 움직인

다. 괴로움이나 즐거움을 같다고 생각하여 항상 인연에 맡기고 살아
간다. 설령 좋은 결과나 명예 등을 얻더라도, 모두 전생에 자신이 지
은 숙명적인 원인이 성숙한 것으로 금생에 바야흐로 얻은 것이다. 그
러므로 지금 그 인연이 다하면 무로 돌아가는 것이니, 무엇을 기뻐할
것인가. 성공과 실패는 인연에 의한 것으로 마음에는 증감이 없기 때
문에 기쁨의 바람에도 동요함이 없이 암묵 속에서 도에 계합하는 것
이다. 이런 까닭에 수연행이라고 하는 것이다.

강설

(1) 공무아(空無我)의 진리

수연행 역시 공의 입장에서 보면 나[我]라는 것은 없다[空無我]는 진
리에 대한 확신입니다. 여기에서는 현생의 좋은 결과나 영예라는 긍
정적인 측면으로 논점이 이동합니다. 고통을 견디는 인욕보다도 오
히려 좋은 영예에 만족하지 못하는 금욕이 더 어려운 것입니다.

더구나 이른바 영예를 교묘히 유지하는 처세법으로서가 아닌
데에서 공의 확인을 구하는 것은 이만저만한 수행이 뒷받침되지 않
고서는 어려운 일입니다. 세속적이고 도덕적인 반성을 통해서는 도
저히 불가능한 어려운 일입니다. 수연행의 목적은 바로 여기에 있는
것입니다.

(2) 팔고(八苦)·팔풍(八風)

앞에서 기술한 '기쁨의 바람에 동요하지 않고 암묵 속에서 도에 계합한다'란 희로애락의 정(情)을 지수화풍 4대에 배치하는 것인데, 임제(?~867) 선사의 「시중」에서 네 가지 형상이 없는 경계[四種無相境]를 설하는 것은 바로 그 계승입니다. 네 가지 형상이 없는 경계는 지수화풍 4대로 구성된 자신의 몸을 5정의 미혹에서 자기를 지키는 것입니다.

> 그대들의 한 생각 의심하는 마음이
>
> 흙이 되어 가로막으며
>
> 그대들의 한 생각 애착하는 마음이
>
> 물이 되어 빠지게 하며
>
> 그대들의 한 생각 성내는 마음이
>
> 불이 되어 타게 하며
>
> 그대들의 한 생각 기뻐하는 마음이
>
> 바람되어 날려 흩뜨려지네.

마음에 조금이라도 꺼리고 싫어함을 일으키면 우리의 신체는 황무지처럼 딱딱해집니다. 자승자박으로 움직일 수 없게 됩니다. 나의 몸을 구성하는 지대(地大)에서 존재를 꺼리거나 의심하는 작용이 있기 때문입니다. 애정이나 성냄의 마음에 대해서도 사정은 마찬가지입니다. 한 생각의 좋고 기쁜 마음이 바람과 같이 급기야는 자신을 농

117

락하기 시작합니다. 당초에는 한 순간의 기쁨이지만, 이것이 한 순간에 자기를 잃어 마음을 선동하고 그 최고조에 달하게 합니다.

그리고 급기야는 자신을 불안으로 내모는 질풍사우(疾風駛雨)가 됩니다. 원래 나의 몸속에 있는 풍대(風大) 때문입니다. 수연행은 그러한 승보영예(勝報榮譽)에 처신하는 도(道)인 것입니다. 소위 팔고(八苦)라는 것이 엉켜있습니다. 팔풍(八風)이라고도 합니다.

자기에게 이로운 것[利]이 있다고 하면 좋아서 그것을 얻기 위해 크게 움직이고, 세력이 약해질까[衰]봐 두려운 생각을 하고, 보는 데서 나를 명예훼손 하는 등의 안 좋은 소리[毁]를 들으면 마음이 흔들리고, 드러나는 데서 자기를 떠들썩하게 칭찬함[譽]으로써 그 마음이 흔들립니다. 또 보지 않는 데서 칭찬[稱]하거나 나를 헐뜯을[譏] 때도 있고, 괴로움[苦]이나 즐거움[樂] 같은 것들이 자기 마음과 상관되어 일어나 이 마음을 흔드는 팔풍이라는 바람이 우리 주변을 감고 돌아간다고 합니다.

이것은 모두가 삼독(三毒)·오욕(五欲)·오온(五蘊)을 바탕으로 하고 있는 중생들이 살고 있는 상황입니다. 이러한 육체적, 형상적인 인간은 어차피 변멸의 과정을 가고 있는 것이기 때문에 끊임없는 고(苦)가 닥치는 8풍이라는 여덟 개의 감정이 있습니다. 이 중에서 4개는 순탄한 것이고 나머지 4개는 어그러진 것입니다. 8풍이란 바로 이러한 존재의 감정을 능히 움직이는 것입니다.

셋째는 과보를 구하지 않는 행위[無所求行]

第三無所求行者는 世人이 長迷하야 處處貪著을 名之爲求니 智者는 悟眞理하야 將俗反心하야 安心無爲하고 形隨運轉하며 萬有斯空하야 無所願樂이니라 功德黑暗이 常相隨逐하니 三界久居가 猶如火宅이라 有身皆苦니 誰得而安이리오 了達此處니 故於諸有에 息想無求니라 經云하사되 有求皆苦요 無求卽樂라하시니 判知無求가 眞爲道行이니라.

해석

셋째는 과보를 구하지 않는 행위[無所求行]이다. 세상 사람들은 항상 미혹하여 가는 곳마다 무엇인가를 타내고 명리에 나아가 구하고자 한다. 지혜로운 자는 진리를 깨달아 원리적으로 세속과 정반대이며, 안심과 무위가 되고 형체를 지니고 운행하는 모든 존재는 실체가 없는 공임을 알아서 이것저것을 집착하여 즐거움을 바라거나 추구하지 않는다.

아름다운 공덕천녀와 추한 흑암천녀는 언제나 함께 다닌다. 오래도록 살아서 정든 삼계는 마치 불타는 집과 같다. 신체를 가진 것은 모두 괴롭다. 아무도 안심할 수 없다. 이렇게 생각하면 어떠한 것에도 집착하지 않으며 구하는 바도 없다. 경전에서는 "욕구가 있으면 누구나 괴로우며, 욕구를 갖지 않으면 즐겁다."고 말한다. 분명하게 알지니 욕구를 갖지 않는 것이야말로 참된 도의 실천이다.

(1) 온 우주에 충만한 부처님 법

진리를 구하는 사람은 무언가 구하는 것이 있어서는 안 된다는 것은 『유마경』「부사의품」에 나오는 구절입니다. 세속적인 물질에도 얽매이지 말고 진리에도 집착하지 말라는 의미입니다. 반야개공(般若皆空)의 원리는 여기에서 본격화됩니다. 공(空)·무상(無相)·무원(無願)이라는 세 가지 해탈은 그러한 법에 대한 집착에서 이탈함을 의미합니다.

부처님의 법은 온 우주에 충만해 있습니다. 우리가 숨 쉬며 사는 곳곳에도 허공중에도 부처님의 법, 진리는 어디에도 있는 것이므로 부처님의 원만한 지혜와 덕성과 위신력과 그 모두가 완전한 대로 여기 있는 것입니다. 원만 구족, 절대 원만성. 누구든지 부처님의 지혜, 부처님의 능력을 다 지니고 있습니다. 그러므로 '저 사람은 못난 사람, 지혜가 없는 사람, 능력이 없는 사람, 업보가 중한 사람, 죄업이 아주 많이 얽힌 사람'이라고 본다면 잘못 보는 것이고 잘못 말하는 것입니다.

한 사람 한 사람 그 본성이 부처님과 하나로 이루어져 있고, 부처님의 법이 일체에 가득하기 때문에 부처님의 지혜와 능력을 다 갖추고 있음을 깨달아야 합니다. 기도할 때에도 지금 내가 부족하고 모자란다고 부처님께 기도를 하는데, 부족하다는 것은 부처님이 주지 않아서 그런 것이 아니라 부처님께서는 나에게 이미 완전한 것을 주셨고 완전한 채로 나에게 갖춰져 있는데 다만 생각, 마음이 그것을 한정한 것입니다. 어느 것은 집착하고 어떤 것은 좋고 어떤 것은 나쁘고, 이렇게 차별하는 가운데 한계를 지어서, 부처님께서는 무한을 주셔서 무한에 통해 있으면서도, 쓰기는 유한으로 쓰게 되는 것입니다.

(2) 부처님을 향한 기도의 의미

그러니까 간절한 마음으로 부처님께 기도한다 하더라도, 먼저 부처님께서 완전히 주신 것을 믿고 감사하고, 그 다음에 이 생각 저 생각하는 망념을 끊어버리고 일심으로 염불하고 일심으로 염송해서, 부처님이 주신 것을 완전히 받는 자세가 되어 있을 때 그것이 바른 감사입니다. '아직 안 받았는데 미리 돈을 주면 되겠는가. 받은 다음에 돈을 지불하겠다. 감사하다는 것도 부처님께 무언가를 받은 다음에 해야지 미리 감사하다고 하면 억울하다'고 하는 사람은 없을 것입니다.

원래는 다 주셨는데 자기가 몰라서 지금 안 받았다고 고통스럽다고 하는 것이지 실로는 다 주셨습니다. 부처님의 눈으로 봐서는 모두가 부처님의 지혜, 부처님의 눈, 부처님의 덕상을 완전히 갖추어져 있는데 자기가 몰라 봐서 그렇습니다. 부처님께 '복을 주시옵소서, 지혜를 주옵소서, 능력을 주옵소서, 공덕을 받게 하소서'라고 원하더라도 먼저 주지 않는 것을 달라고 하는 것이 아니라 부처님께서 완전히 주신 것을 믿고 감사하고 이 생각 저 생각 망념이 끊어져 버렸을 때 마음이 청정한 정도에 따라서 문이 열리는 것입니다.

(3) 만인이 부처님과 하나다

다시 말해서 복을 부처님이 주지 않는 것이 아니라 이미 주었건만, 내가 손아귀에 붙잡고 있는 것만큼 손아귀에 꼭 붙잡고 집착을 하고 문을 닫아서 그렇지 손을 펴 문을 열었을 때 무한정의 복이 우리 가슴에 철철 넘쳐흐르는 것입니다. 그러니까 이 완전 구족한 부처님 대자비 일체 지혜와 공덕과 복덕성이라는 것은 우리 각자가 마음의 문을 열면 마음의 청정함에 따라서 흘러나오는 것입니다.

본래 주지 않는 것이 아니라 완전히 주어졌으므로 받은 것을 생각하고 감사함을 인식할 때, 이 사람은 기도를 참 잘한 사람입니다. 감사하는 마음으로 일심으로 염송하고 염불하고 예경하고 다른 수행을 하더라도 다 마찬가지입니다. 수행을 해 나갈 때, 내게 가로 막혀 있거나 가로막았던 것을 제거해 버렸기 때문에 부처님의 완전한 것이 내게 넘쳐 나오는 것입니다.

그때 '대원을 성취했다'는 말이 나오는 것입니다. 그렇기 때문에 성불하는 길은 부처님으로부터 만인이 받은 것이 아니라 '부처님인 채로 만인이다. 만인이 바로 부처님과 하나다'라는 입장이 되는 것입니다.

『열반경』에 나오는 공덕천녀와 흑암녀의 이야기는 무분별을 말하는 것이라기보다는 상대하는 것은 전적으로 취하지 않는 쌍비(雙非)의 논리에 목적을 두고 있습니다. 『법화경』에 의거하는 삼계구거(三界久居)의 비유에 대해서도 문제는 동일합니다. 아무것도 구하지 않는 원리를 주체로 하는 것입니다. 바로 그러한 주체의 행위가 무소구행입니다. 사람들은 항상 불타는 집 속에 있습니다.

신체를 가진 것은 모두 괴롭다는 것은 노자의 『도덕경』〈제13장〉에 나오는 "사람들은 큰 환란을 자신의 몸과 같이 중대시하지만 우리에게 대환이 있는 것은 자신에게 몸이 있기 때문이다. 자신의 몸이 없으면 무슨 욕망이 있겠는가?"라는 구절에 바탕을 두고 있습니다. 다음에 인용하는 경전의 이름은 알 수 없지만, 황벽 스님의 『전심법요』에도 같은 인용이 있습니다. 황벽 스님이 달마 조사에 의거하고 있음을 알 수 있습니다.

'더럽고 깨끗함 운운' 하는 구절은 부대사(傅大士, 497~569)가 말한 것이라고 하는데, 공덕천녀와 흑암녀의 비유에 의거함으로써 한층 광채를 내고 있는 것 같습니다. 부대사는 본명을 부흡이라 하며 스스로 미륵보살의 화신이라고 한 인물입니다. 대사는 보살을 의미하는데, 그는 달마 조사와 같은 시대에 남방에 거처하면서 양무제의 귀의를 받고 끊임없이 사신(捨身)을 행하기도 했습니다.

'허회(虛懷)를 근본으로 불착(不著)을 종지'로 하는 재가보살로서 처자를 전부 팔아 얻은 5만 전을 모두 털어 무차대회(無遮大會)를 열기도 했습니다. 따라서 그는 철저한 무소구행의 행자라고 할 수 있을 것입니다. 사람이 밭에서 보리를 훔치면 그는 바구니를 던져주는 인물입니다. 사람들은 석가·금율(金慄)·정광(定光) 3여래가 빛을 놓아 그를 휘감고 있는 것을 보았다고 합니다. 그의 게송 가운데 가장 빈

번히 인구에 회자되는 것으로 다음과 같은 게송이 있습니다.

> 빈손이면서 호미자루를 잡고
> 걸으면서 물소를 타도다
> 사람은 다리 위로 걸어가고
> 다리는 흐르되 물은 흐르지 않는구나.

이 말 역시 무소구행에 대한 부연이라고 생각합니다. 이 기회에 한 마디 더 말하면, 마조 스님이 '부처될 태아 운운' 하는 것은 생사를 청정하다고 보는 새로운 이해의 하나라고 생각합니다. 본래는 『인왕반야경』의 구절인데, 마조 스님을 거치고 있는 것이 중요합니다. 부처될 태아가 법신(法身)을 의미하는 것은 말할 필요도 없습니다. 마조 스님의 '부처될 태아의 사상'과 관련하여 반야(般若)의 입장에서 본 인간에 대하여 부언하겠습니다.

(4) 인간은 반야바라밀의 완성체

반야의 눈으로 비춘 바에는 인간은 육체적 물질덩어리가 아닙니다. 인간은 반야바라밀 완성체이며 부처님의 무한 공덕상을 완전히 갖춘 존재입니다. 지혜와 자비와 덕성은 인간본유, 인간본래의 것입니다. 무능자로 볼 것인가. 아니면 부처님 말씀이신 진리 실상의 말씀을 믿을 것인가?

당연히 불자 된 우리는 미혹을 집착하고 육체 감각을 국집하여 속박과 한계와 고난 내지 죽음을 자초하는 우치를 범하지 않을 것입니다. 당연히 부처님이 보신 바 진리 실상의 말씀을 전적으로 믿고 받아들이는 것입니다. 여기서 우리는 불자라는 이름으로 다시 태어나는 것입니다.

불자인 인간은 부처님의 완전한 공덕을 받고 태어났으므로 완전하고 원만하고 일체 결함이란 없는 것입니다. 재난이나 불행 병고 일체장애란 원래로 없는 것입니다. 반야바라밀 실상광명이 충만하여 일체 어둠, 일체 장애가 완전 소탕되어 자취도 없는 것입니다. 이것이 인간의 존재성이요 생명의 모습입니다.

그렇지만 이와 같은 진리 본연의 생명인 인간이지만 이러한 자신의 진리 본성을 깨닫지 못하고 미혹된 생각에 사로잡혀 있다면 진실은 불자인 인간이라도 현상세계에서는 어둠과 고난을 만나고 맙니다. 미혹이 원인이 되어 본성청정을 깨닫지 못하고 믿지 못하여 그 마음에 어둠과 미혹이 걸쳐있기 때문입니다.

그러므로 불자인 인간은 끊임없이 본성을 확인하며 청정본성을 자신 속에서 확인하여야 합니다. 불자인 인간은 청정본성으로 본래 있는 존재이며, 원만 완전 공덕으로 충만한 존재라는 사실을 믿어야만 합니다. 그러자면 첫째 부처님의 가르침을 믿으며 자신의 생명에서 확인하여야 합니다.

넷째는 법의 진실에 부합하는 행위 [稱法行]

第四稱法行者는 性淨之理를 目之爲法이니 此理衆相斯空하야 無染無着하며 無此無彼니라 經云하사되 法無衆生하니 離衆生垢故며 法無有我하니 離我垢故라하시니 智者가 若能信解此理하면 應當稱法而行이니라 法體無慳하야 於身命財에 行檀捨施하되 心無悋惜하며 達解三空하야 不倚不著이라 但爲去垢하야 攝化衆生하며 而不取相하나니 此爲自利며 復能利他며 亦能莊嚴菩提之道니 檀施旣爾인댄 余五亦然이니라 爲除妄想하야 修行六度가 而無所行이 是爲稱法行이니라.

해석

넷째는 법의 진실에 부합하는 행위다. 자기 자신이 본래 청정하다는 도리를 법이라고 한다. 어떠한 개별적인 입장도 이 도리에서는 모두가 공이다. 아무런 염착(染着)도 없으며 이것과 저것을 구별하는 것도 없다. 경전에서는 "법에는 중생이라는 것이 없다. 중생이라는 더러움을 떠나기 때문이다."라고 말한다.

만약 지혜로운 자가 이 도리를 명심하여 지킬 수 있다면, 그는 법의 진실에 부합하는 행동을 할 수밖에 없다. 법에는 인색함이 없기 때문에 신체와 생명 및 재물을 바쳐 보시를 행하고, 마음에 아까워함이 없고, 자신과 상대와 보시 셋이 본래 공임을 잘 알아서 어떠한 것에도 의지하거나 얽매이지 않는다.

무릇 더러움을 말끔히 씻기 위해 중생을 구제하면서도 그러한 티를 보이지 않는다. 이것이 바로 자리(自利)이자 이타(利他), 그리고 깨달음의 도를 성취하는 것이다. 보시의 공덕이 이와 같은 이상 다른 다섯 종류의 바라밀도 마찬가지이다. 망상을 제거해 나가기 위하여 육바라밀의 가르침을 실천하고 그것을 실천했다는 행위까지도 없다. 이것을 칭법행(稱法行)이라고 한다.

강설

(1) 자성청정심(自性淸淨心)

마지막으로 네 번째는 법의 진실에 부합하는 행위입니다. 성정(性淨)의 이법(理法)에 부합하여 산다는 뜻입니다. 성정의 이법이란 자성청정심(自性淸淨心)입니다. 더러움을 없애 깨끗해진 것이 아니라, 본래 청정한 것이 마음이라는 것입니다. 정(淨)은 공(空)입니다. 깨끗하여 아무것도 없는 것만큼 아름다운 것은 없습니다. 본래청정이란 본래개공(本來皆空), 무자성공(無自性空)을 의미합니다. 달마 조사는 이것을 법이라 하고 그러한 법에 부합하여 사는 것을 권장하면서『유마경』「제자품」에 있는 "법에 중생은 없다. 중생의 더러움을 떠나기 때문이다."라는 구절을 인용하고 있습니다.

이유는 분명합니다. 문제는 사는 방식의 구체성에 있는 것입니다. 달마를 조사로 하는 제자들은 상당수의 승속을 포함하고 있었음에 틀림없습니다. 그러므로 보시가 무엇보다도 중요한 위치에 있었을 것입니다. 이러한 취지에 입각한 자성청정심은 사람에게 물질을 베푼다는 보시행에서 가장 단적으로 나타나게 됩니다. 보시는 인색함과 같은 집착을 불식시키는 행입니다.

(2) 삼륜청정(三輪淸淨)의 보시

이 칭법행에서는 더 나아가 보시하는 사람과 보시로 주는 물건과 보시 받는 사람, 이 셋이 보시라는 행위에 더럽혀지지 않음이 핵심이 됩니다. 이러한 보시를 불교에서는 삼륜청정(三輪淸淨)이라 부르는데, 보시하는 사람이 자신의 선행위에 집착하고 받는 사람이 굴욕을 느끼거나 물욕에 집착한다면 그러한 보시는 범죄가 됩니다. 물질 또한 오염이 됩니다. 여기에서는 보시라는 선행 그 자체가 문제가 될 수 있습니다. 앞서 말한 부대사의 기이한 무차대회는 모름지기 이러한 난행(難行)에 도전하는 것이라고 할 수 있습니다.

　　보시는 물질과 법(法)의 양면에 걸치고 있지만, 초기불교와는 결을 달리하고 있는 달마 조사의 심종교(心宗敎)에서는 법을 베푼다는 법시(法施)가 뜻을 같이하는 도반을 만드는 것을 의미한다고 할 수 있습니다. 그리고 이러한 보시사상은 달마교단은 물론이고 다른 교단에서도 새로운 불교운동의 시금석이 되었습니다.

4
안심(安心)이 벽관이다 –안심문답(安心問答)

수행과 안심

지금까지 '본래로 돌아가기 위한 네 가지 실천'에 관하여 살펴보았습니다만, 심종교(心宗教)를 일으킨 달마 조사가 제자들을 가르친 방법은 지금까지 중국불교에서 볼 수 없었던 것이었습니다. '본래로 돌아가기 위한 네 가지 실천'이 수행 방법에 관한 교리적인 문제였다면, 제자들과의 대화를 통해서 그들을 본래의 자리로 직입(直入)시키는 문답을 이용하는 것은 달마 조사가 개발한 심종교의 실천인 동시에 특색을 가장 잘 보여주고 있습니다. 즉 앞의 '달마의 전기' 서론 부분에서 담림 스님이 기록하고 있는 "이입은 안심(安心)이고 벽관이다."라는 말이 그것입니다.

　도선(596~667) 스님은 『속고승전』 「습선총론」에서, "달마선의 특색이 벽관에 있다."고 하면서, "대승벽관은 공행(功行)이 최상이다."라고 칭송합니다. 벽관은 반야공관이며, 달마교설의 특색은 여기에서 가장 잘 나타난다고 할 수 있습니다. 이미 앞에서 언급한 것처럼,

129

안심이란 마음을 벽과 같이 안정시켜 어떠한 것에도 집착하지 않는 것으로, 오히려 벽이 모두를 받아들이되 하나도 남김이 없음에 비유됩니다. 관(觀)이 바로 그것입니다.

마음을 가지고 오라

『전등록』〈제3권〉에는 달마 조사의 법을 이은 이조혜가 스님이 깨달음을 얻는 계기를 이렇게 기술하고 있습니다. 그는 이미 40고개를 넘고 있었습니다. 내외의 서적을 모두 읽고 배워야 할 것은 모두 배웠습니다. 사색이나 실천도 그가 할 수 있는 한은 모두 다 했습니다. 그러나 문제는 아직 남아 있었습니다. "번뇌를 끊지 않고 보리를 얻는다."라는 『유마경』의 말이나, "미혹한 마음 밖에 따로 깨달음은 없는 것, 과거도 미래도 현재도 마음을 파악할 수 없다."는 『금강경』의 "삼세심불가득(三世心不可得)"의 가르침도 혜가 스님은 이미 알고 있었습니다.

이제 그에게 필요한 것은 번뇌를 끊지 않고 보리를 얻는다는 도리나 방법이 아니라, 참으로 번뇌를 끊지 않고 보리를 얻는 것 바로 그것입니다. 삼세심불가득의 도리에 대해서도 마찬가지입니다. 혜가 스님에게 문제가 되는 것은 현재의 자신이 안고 있는 불안을 없애는 것이었습니다. 마침내 혜가 스님은 달마 조사를 찾아뵙고 지금까지도 선문(禪門)에서 회자되는 유명한 문답을 합니다.

“저는 마음이 편치 않습니다. 부디 편안하게 해 주
십시오.”
“마음을 가지고 오라. 편안하게 해 주리라.”
“마음을 찾아도 얻을 수 없습니다.”
“내가 네 마음을 이미 편안케 했다.”

달마 조사는 그러한 혜가 스님의 불안을 정통으로 제거했습니다. ‘불
편한 마음을 가져오라’는 달마 조사의 한 마디 말로 혜가 스님은 본
래의 편안함을 회복했습니다. 본래의 편안함은, 이제는 과거와 미래
와 현재와 관계가 없으며, 잃어버림도 없고 회복됨도 없는 자기 자신
의 모습인 것입니다.

　중요한 것은 달마 조사의 대답이 단순한 돈지(頓智)나 상대의 의
표를 찌르는 궤변, 또는 재치가 있는 카운슬링이 결코 아니었다는 점
입니다. 여기에는 그러한 것들을 모두 포함하면서도 그와는 다른 무
엇인가가 있습니다. 조사가 중국불교에 기여한 가장 크고 특색이 있
는 공헌은 이 문답에 함축되어 있습니다. 혜가 스님이 조사에게서 구
한 것은 단순히 마음을 진정시키는 방법이나 그 원리가 아니라, 현재
의 자신의 마음을 단번에 안정시키는 것이었습니다. 조사는 확실히
혜가 스님의 마음을 편안하게 했습니다. 조사는 단순한 방편이나 일
시적인 위안이 아니라, 가장 본래적이고 근원적인 상대의 마음 자체
를 적나라하게 내보이게 했습니다.

마음은 편안하지도, 편안하지 않는 것도 아닙니다. 찾아도 얻을
수 없다는 말은 단지 마음이 발견되지 않는다는 절망의 표시가 아니
라, 자신의 마음의 본질을 이해한다는 자기 확신을 의미하고 있습니
다. 종래의 불교는 모두가 응병여약(應病與藥)의 방편불교에 머물렀
습니다. 불안한 마음을 안정시키는 방법의 탐구에만 매달려 시종하
고 있었던 것입니다. 확실히 그것은 필요합니다. 그러나 더 중요한
것은 약이 필요 없는 본래의 자신을 발견하는 것입니다. 앞에서 말씀
드린 안심문답과 같이 안심은 마음에 실체가 없음을 아는 것으로 끝
이 납니다. 조사는 대승벽관을 보급한 것이며, 예기치 않게도 한 종
파의 개산조(開山祖)가 됩니다.

그대의 죄업을 가져오라

이러한 안심문답은 달마교단에서는 전통이 됩니다. 혜가 스님의 법
을 이은 삼조승찬 스님은 중풍에 걸려 있었습니다. 당시에는 전생에
지은 죄의 과보라고 보았습니다. 스스로 죄를 참회하는 것 말고는 달
리 중풍을 면할 방법이 없었습니다. 어느 날 나이가 40쯤 되어 보이
는 한 거사가 혜가 스님을 찾아와서 절을 하고 여쭈었습니다.

"화상이시여, 저는 중풍에 걸려 있습니다. 부디 저
의 죄를 참회시켜 주십시오."

"죄를 갖고 오라, 그대를 참회시켜 주리라."

"죄를 찾아도 찾을 수 없습니다."

"나는 그대의 죄를 참회시켜 주었다. 앞으로 불·법
·승에 의지하도록 하라."

"이제 화상을 뵙고 승보는 알았지만, 불법이란 무
엇입니까?"

"그대의 마음이 부처요, 마음이 법이다. 법과 부처
는 둘이 아니다. 승보도 마찬가지이다."

"오늘에야 비로소 죄의 성품이 안에도 밖에도 중간
에도 있지 않음을 알았습니다. 저의 마음이 그러하
듯이 부처와 법도 둘이 아닙니다."

승찬 스님은 중풍에 걸려 있었습니다. 중풍은 불치병으로 일종의 정
신병입니다. 당시에는 전생에 지은 죄의 과보라고 보았습니다. 스스
로 죄를 참회하는 것 말고 달리 중풍을 면할 길은 없었습니다. 혜가
스님은 그러한 참회멸죄의 발상을 면전에서 묵살합니다. 인간의 무
죄선언(無罪宣言)입니다. 죄라는 것이 무엇입니까? 경계에 빠져 들어
간 상태입니다.

　　그것을 죄라고 하면 "미혹한 사람들은 다 죄가 있다." 그런 말을
할 수도 있을 것입니다. 일체가 모두 한 몸이고 모두가 더불어 하나
인 진리체인데도 불구하고 진리체임을 잊어버리고 모두가 한 몸, 같

은 하나의 진리임을 알지 못하고 경계에 대해서 대립상을 일으키고 원망하고 다투고 해치고 거친 마음을 갖는 것들은 전부 죄라고 할 수 있을 것입니다.

인간의 무죄선언(無罪宣言)

그런데 그 뿌리를 찾아보면 원래는 반야바라밀, 참 성품밖에 다른 것은 없습니다. 있는 것은 그것뿐인데 우리가 모두 '죄' '죄' '죄' 하고 다들 죄에 걸려서 사는 것뿐입니다. 어떤 곳에서는 모두가 사람들을 죄인이라 말을 하고 그런 주장을 합니다. 그러다보니 여기에 죄의식 같은 것이 있으면 바로 자기 처벌 의식이 생겨서 자신이 잘못했으니 어떤 벌을 받아야 한다거나 고통이 따르는 것은 당연하다거나 하여 결벽증이 있는 사람은 더욱 심합니다. 하지만 원래 죄인은 없습니다. 누구든지 죄가 없는 청정한 사람이고 누구든지 때 묻을 수 없는 진실 청정 그것이 본래 생명입니다.

그래서 무슨 잘못된 허물이 있으면 염불이나 기도를 합니다. 이런 수행을 하다보면 잘못된 것이 밖으로 다 드러납니다. 마음이 맑아지기 때문에 맑지 않은 상태에서 있던 잘못한 것이 드러납니다. 무엇이라고 변명하지 말고 잘못한 것을 솔직히 다 인정하고 그 다음에 참회합니다. 그것이 참된 참회라고 말할 수 있습니다. 참회멸죄의 발상은 죄로 해서 괴로워하는 사람에게 그의 죄를 덜어주고 해방시켜 주는 듯이 보이지만, 실은 상대를 죄에 빠뜨리는 속임수라고 유마 거사는 가르쳤습니다.

종교나 철학과 같이 정신세계를 취급하는 것은 크든 작든 그러한 속임수와 관계하고 있습니다. 정신병이란 바로 그러한 것입니다.

상대의 죄를 용서하기보다도 자타가 함께 본래 아무런 죄도 없는 데로 되돌아오는 것입니다. 마치 병을 치료하기보다는 병들지 않는 것이 낫듯이, 죄를 참회한다는 발상 그 자체를 근본적으로 대전환시키려는 데 달마를 조사로 하는 새로운 심종교의 목적이 있었던 것입니다.

혜가 스님의 대답이 『유마경』에 의거하고 있음은 분명하지만, 여기에서는 그러한 교리나 경전의 증거보다는 상대의 물음에 따라서 근본적인 해답을 주는 생생한 대화를 통해서 승찬 스님이 단박에 중풍을 해소하고 참회멸죄의 발상에서 벗어나고 있는 데 주목하고 싶습니다. 참회멸죄의 발상은 때에 따라서는 일종의 범죄행위가 될 수가 있습니다. 병을 고치는 약이 오히려 병을 깊게 하고, 약에 의해서 만들어진 병을 고치는 힘이 약에 있지 않음을 알아야 합니다.

사람들이 달마 조사의 심종교에서 구한 것은 지금 살펴본 것처럼, 유마 거사의 말을 디딤돌로 하는 새로운 전환인 것입니다. 그들의 단순명쾌한 언행은 사람들을 세기말적인 절망감에서 구하기에 족한, 신선한 힘이 있었다고 말할 수 있습니다.

본래의 자기를 세우는 것이 최고의 참회다

당시 수계의 근거가 되었던 『관보현경(觀普賢經)』은 『법화삼부경(法華三部經)』이라 불리는 경전 가운데 하나인데, 거기에는 참회멸죄의 도리를 이렇게 분명히 합니다.

"일체의 업장해(業障海)는 모두 망상으로부터 생긴다.

만약 참회하고자 하면 단좌(端坐)하여 실상을 염하라."

지금까지 누구도 피할 수 없는 것으로 알았던 다생의 업장은 모두 자신의 미망에서 나온다는 말입니다. 업장의 바다란 결국 그곳으로 유입되는 것입니다. 망상이란 자신을 잃는 것이며, 근본무명이며, 자신의 우치입니다. 단좌는 좌선이기는 하지만, 이른바 번뇌를 가라앉히기 위한 좌선이 아니라, 번뇌가 불생(不生)임을 아는 고차원적인 명상의 실천입니다. 이 경전에서는 또한 다음과 같이 설하고 있습니다.

"무릇 죄업의 큰 바다도 모두 그대의 일시적인 생
각이 낳은 무상한 것에 불과하다. '죄업을 멸하고
자 하면 자세를 바로 하여 본래의 자기로 되돌아와
야 한다.' 이것이야말로 최고의 참회라고 부를 수
있다. 세 가지 근본번뇌, 대상을 쫓아가는 망상, 대
소의 의식분별이 모두 제거된다. 부처를 관찰하여

마음의 통일을 지속하면 자신은 홀연히 청정하게
되고 대상을 생각함도 없다.
『대품경』에서는 이렇게 말한다. '아무것도 생각하
지 않는 자를 부처를 생각하는 사람이라고 부른다'
라고. 무엇을 아무것도 생각하지 않는 것이라고 하
는가? 부처를 생각하는 마음이 그것이다. 마음 밖
에 따로 부처가 있는 것도 아니고 부처 밖에 따로
마음이 있는 것도 아니다. 부처를 생각하는 것이
마음을 생각하는 것이며, 마음을 구하는 것이 부처
를 구하는 것이다. 왜냐하면 의식에는 특정한 형이
없고 부처에도 특정한 얼굴이 없기 때문이다. 만약
이 도리를 알면 그것이 안심(安心)이고, 항상 부처
를 사념함으로써 대상을 따르는 망상이 활동하지
않으며, 고요하여 특정한 모습이 없어지고 평등 불
이(不二)하게 된다."

승찬 스님에 따르면, 최상의 참회는 일체의 죄가 원래부터 공무(空無)
인 곳으로 돌아가는 것입니다. 염불도 마찬가지입니다. 생각하는 바가
없는 것이 참된 염불입니다. 단좌하여 실상을 여실히 통찰하는 것이
참된 참회입니다. 또 '만약 이 도리를 알면 그것이 안심이다'라는 것은
이 설법이 달마 조사의 '안심문답'에 의거하고 있음을 말해줍니다.

5
불교(佛敎)와 불법(佛法)

～～～～～

정법안장(正法眼藏)-안목 있는 말

『전등록』〈제8권〉에는 마조 선사의 법을 이은 분주무업(762~823) 스님의 오도(悟道)에 관하여 이렇게 기술하고 있습니다. 스님은 이미 불교학의 대가였습니다. 이른바 강경승(講經僧)입니다. 전하는 바에 의하면, 그는 9세에 개원사에 들어가 지본 스님에게 대승경을 배웠는데 경전을 다섯줄씩 묵독하지만, 일단 입으로 나오면 한 자도 틀리지 않고 암송할 수 있는 수재였습니다. 경학수학을 마치고 바로 대중스님들을 위하여 『대반열반경』을 강의하였습니다.

마조 선사를 찾아간 것은 즉심즉불(卽心卽佛)이라는 단순명쾌한 새로운 가르침이 너무나도 무조건적이어서 그의 마음에 들지 않았기 때문입니다. 그의 체구는 당당하고 걸으면 바람을 일으켰으며 음성은 종소리와 같았습니다. 이를 보고 마조 선사가 말했습니다.

"우람한 체구 안에 부처는 없구나."

무업 스님이 절을 하고 꿇어앉아 물었습니다.

"삼승(三乘)의 문학에 대해서 그 요지를 거의 마쳤습니다. 전부터 선문에서 즉심즉불을 가르쳐오고 있다는데 잘 납득이 가지 않습니다."

"다른 것이 아니다. 아직까지 납득이 가지 않는 그 마음이 부처다. 그 밖에 아무것도 없다."

"어떤 것이 조사께서 서쪽에서 오셔서 비밀스럽게 전한 심인(心印)입니까?"

"대덕의 마음이 지금 매우 소란하니 갔다가 다음 날에 오라."

선(禪)의 초조인 달마 조사가 인도에서 와서 은밀히 전했다고 하는 즉심즉불의 가르침이란 어떤 것인지 그 근거를 보여 달라고 말하는 것입니다. 마조 신사의 내납은 이미 나왔습니다. 다만 무업이 그것을 알아차리지 못했을 뿐입니다. 그래서 마조 선사가 말합니다.

"그대는 너무나 서두르는군. 우선 돌아가기 바라네. 이야기는 나중에 하세."

무업 스님이 물러나려고 몸을 돌리는데 마조 선사가 불렀습니다.

"대덕이여."

무엄 스님이 머리를 돌리니 마조 선사가 말했습
니다.

"이것이 무엇인가?"

무엄 스님이 깨닫고 절을 하니 마조 선사가 또 나
무랐습니다.

"이 둔한 사람아. 절은 해서 무얼 하겠는가."

무엄 스님이 뒤로 물러나려고 합니다. 그 순간 마
조 선사가 "이보게"라고 부릅니다. 무엄 스님은 뒤
돌아봅니다.

"뒤돌아보는 것은 무엇인가?"

"무엇이 뒤를 돌아보는 것인가?"

이것이 마조 선사가 직시한 '조사가 서쪽에서 와서 비밀스럽게 전한
심인[祖師西來 密傳心印]'이었던 것입니다. 무엄 스님은 마조 선사의
한 마디 말 아래서 깨달음을 얻었습니다. 예배가 그 근거입니다. 그
러나 보지 못하고 있었기 때문에 깨닫는 것입니다. 본래 온전하다면
새삼스럽게 깨달을 것도 없습니다. "이 둔한 놈, 바보 같은 놈, 이제
와서 깨달아 무슨 소용이랴."라고 하는 말이 마조 선사의 총괄(總括)
입니다.

　지금의 경우, 달마 조사의 안심문답이 잘 계승되고 있습니다. 그
러나 계승된다는 그러한 의식은 어디에도 찾아볼 수 없으며, 전혀 새

로운 문답이 되고 있습니다. 무업 스님의 두 번째 물음인 '조사서래 밀전심인(祖師西來 密傳心印)'이라는 구절은 무업 스님 자신의 새로운 안심문답입니다.

첫 번째 물음이 마조 선사에서 시작하는 '즉심즉불(卽心卽佛)'에 입각하고 있음은 말할 필요도 없습니다. 무업 스님은 선종사(禪宗史)에 대한 풍부한 지식을 갖고 있었습니다. 마조 선사는 '그대는 잘 알고 있다. 모르는 것이 없다. 당분간 물러가 쉬는 것이 좋겠다'고 하는 것으로 이미 대답을 하고 있습니다.

사수(師授) 또는 면수(面授)

달마 조사가 '심종교인 선종(禪宗)'의 초조가 된 것은 위에서 말씀드린 것처럼, 구체적이고도 실제적인 대화에 능숙한 것에 있습니다. 이것을 사수(師授) 또는 면수(面授)라고 합니다. 불법은 그러한 사람과 사람과의 새로운 만남을 떠나서는 있을 수 없습니다. 『법화경』에서는 "사람이 부처가 되는 것이 아니라, 다만 부처가 부처로 될 뿐이다."라고 설하고 있습니다. 그것만이 크나큰 일이며, 오로지 그것만을 위해서 달마를 조사로 하는 심종교 선종이 시작되고 흥하는 것입니다.

그것은 한편으로는 깊은 명상의 실천과 고매한 대승의 원리를 전제로 합니다. 달마 조사는 불타의 정법안장(正法眼藏)을 전하는 28

대 조사로 불립니다. 그의 주장이 단순히 새로운 종교·종파의 조사라는, 이단(異端)에 머무는 것이 아님을 보이기 위함입니다. 정법안장이란 '진리의 말'이라는 뜻입니다. 응병여약(應病與藥)의 방편이 아니라 본래의 건강한 현재를 확인하는 새로운 대화인 것입니다. 안(眼)은 안목이고 장(藏)은 삼장(三藏)의 장으로, '안목 있는 말'이란 의미입니다. 여기에서는 특히 말의 의미에 주목하고 싶습니다.

불법은 단순한 교육의 문제가 아니다

오늘날 불교(佛教)라는 말과 불법(佛法)이라는 말은 같은 의미로 혼용되어 사용되고 있습니다. 인도에서 발생한 부디즘(Buddhism)이 중국에 전래되어 중국화하는 과정에서 처음에 번역어로 사용한 말은 '불법'이었습니다. 언제부터 불법이 불교로 바뀌게 되었는지는 정확하게 고증된 적이 없습니다. 물론 저의 과문(寡聞)의 탓인지 모르겠습니다. 그러나 저는 부디즘의 원래의 의미가 '부처를 신봉하는 사람들'임을 감안해 보면 한자의 번역어로는 불법이 더 적당하다고 생각합니다.

무슨 까닭에 이렇게 변모했는지는 정확하게는 모르겠습니다만, 다분히 불법을 교육으로 본 것에 있지 않을까 여겨집니다. 오시팔교(五時八教)라든가 일대시교(一代時教)가 바로 그것입니다. 이렇게 불타의 정법을 교육으로 보는 것은 아마도 중국불교의 특색인 듯합니다. 이 나라에서는 모든 문명이 왕의 교화로 생각되었습니다.

유교가 그 전형이고 도교도 왕의 가르침을 본질로 하고 있습니다. 마찬가지로 불교도 왕의 교화를 보완하는 것으로 받아들여졌습니다. 경전의 번역이나 훈고도 이 한도를 넘지 않았습니다. 이를테면 교화로서 유효한 불법만이 이 나라에 수용되었습니다. 유·불·도 3교가 하나의 진리를 밝히는 것은 당연합니다.

달마를 조사로 하는 심종교인 선이 정법안장을 전하는 것이 되는 것은 그러한 가르침으로서의 종교의 편향을 시정하는 의미를 갖고 있습니다. 앞에서 말한 것처럼, 응병여약(應病與藥)이라는 방편이 아닌 본래의 자기에 대한 발견이 그것입니다. 가르침과 구별되는 본래의 학문이 여기에서 시작됩니다. 실제로 불타의 가르침으로서의 경전은 모두 빠짐없이 나오고 훈고도 많습니다. 그렇지만 경전연구의 차원에서 덧붙여진 것은 아무것도 없었습니다. 달마 조사의 말이 신선한 것은 바로 경전 이전의 본래의 생생한 대화에 있는 것입니다.

6
벽관과 오정심관(五停心觀)·사념처관(四念處觀)의 차이점

초기불교의 수행법

고타마 싯다르타(Gotama-Siddhartha) 태자는 출가하여 알라라 칼라마·우타카 라마풋다 등 위대한 수행자라고 천하가 떠받드는 많은 성자들을 찾아가고, 고행하는 사람들을 찾아가서 6년이라는 긴 시간에 걸쳐서 일일이 그들에게 배우고 문답하고 그들이 도달한 세계를 밟아서 끝까지 마쳤습니다. 그리고 고행을 위시한 그 수행이 참다운 수행이 되지 못하고, 생사 해탈의 진리가 되지 못하며, 필경에 일체중생을 구원하려는 도리가 되지 못한다는 사실을 아시고 그 모두를 떠나십니다.

고행, 기왕의 수행과의 결별, 그리고 독자적인 수행에의 새로운 돌입, 그것을 우리는 '보리수(菩提樹), 부처님께서 깨달음을 이루신 그 나무 밑'에 앉으셔서 지금까지는 없었던 독자적인 수행을 하셔서 도를 이루셨습니다. 그 자리에 앉으셔서 온갖 성도에 장애가 되는 요인들을 하나하나 분석하셔서 그 모두를 극복하신 것입니다. 또한 경전에는 "마군(魔軍)을 항복받았다. 마의 왕인 천상의 파순(波旬)을 항복 받으셨다."는 것으로 나타납니다.

하지만 그 내용을 살펴보면 우리를 순수하게 살지 못하게 하고, 진리로서 살지 못하게 하고, 진실한 삶을 살지 못하게 방해하는 요인 하나하나를 분석하시고 그 하나하나를 제거하고 그 모두를 완전히 꺾어버린 것을 의미합니다. 무엇보다도 지극히 착한 마음이 충만한 상태에서 깊은 삼매의 길로 들어가셨습니다.

지극히 착하시다는 말은 당신을 중심으로 한 욕망과, 당신의 욕망이 충족되지 아니하고 당신의 뜻대로 안 되는 데서 일어나는 거친 반발이 모두 깨끗이 사라진 상태를 말합니다. 삼계로 말하면 욕계의 천상, 즉 사왕천·도리천·야마천·도솔천·화락천·타화자재천 등 지극히 착한 사람이 난다고 하는 그 천상의 경계들을 다 뛰어넘으시고 지극히 청정하고 안정된 마음으로 그 보리수 밑에 앉으셨다는 뜻입니다.

이를 경에서는 "일심적정(一心寂靜), 즉 일심으로 고요하고 안정된 그 자리에 머무셨다."라고 하였습니다. 문제는 고타마 싯다르타 태자가 머무신 일심적정의 자리에 머물기 위해서 어떤 수행을 했는가 하는 것입니다. 이 문제야 말로 초기불교의 수행법을 알 수 있는 핵심이기 때문입니다.

먼저 오정심관부터 말씀드리고 그 다음에 사념처에 관하여 살펴보겠습니다. 오정심관이 체계화된 것은 아마도 부파불교에서 만들어 정리한 선정설이라 할 수 있으며, 『대반야바라밀다경』〈제394권〉「73 정토방편품」에서도 설하고 있습니다. 오정심관이란 범부들이 가지고 있는 불건강한 심리상태인 번뇌나 망상 등을 크게 다섯 가지로 나누고, 그 다섯 가지 허물을 없애기 위해서 닦는 다섯 가지 관법으로 부정관(不淨觀)·자비관(慈悲觀)·인연관(因緣觀)·계분별관(界分別觀)·수식관(數息觀)을 말합니다. 여기서 말하는 관(觀)을 중국 천태종에서는 지관(止觀)이라고 해서 어지럽고 산란한 마음을 가라앉히고 멈추게 한다는 의미의 지(止; Samatha)와, 자신의 본래청정성을 끊임없이 지켜본다는 의미의 관(觀; Vipasyana)으로 나누고 있습니다. 그럼 차례로 살펴보겠습니다.

부정관(不淨觀)

첫 번째는 몸의 더러움을 떠올려서 관찰하는 부정관(不淨觀)입니다. 우리 인간에게는 다섯 가지 욕망[五欲]인 재물욕·성욕·식욕·명예욕·수면욕(睡眠欲)이라고 하는 기본적인 욕망이 있습니다. 또한 이러한 욕망이 충족되지 않을 때 사람들은 성질을 부리고 화를 내며, 자신의 성냄을 초래한 원인이 자신의 탐욕심에 있다는 사실을 모르는 어리석음을 범합니다. 부처님께서는 이러한 다섯 가지 욕망에 대한 강한 집착과 성냄과 어리석음을 가지고 있는 사람에게 그 잘못된 마음을 우선 제거하게 하기 위해서, '육체라는 것은 부정한 것이다' 하고 그 부정한 것을 관해서 탐욕심과 화냄과 어리석음을 제거하게 하는 수행이 부정관입니다.

　　욕망과 화냄과 어리석음이라는 세 가지 독소[三毒]는 마음에서 생깁니다만, 그 마음의 바탕에는 결국 육신에 대한 과도한 집착이 작용하고 있습니다. 이러한 육신에 대한 끊임없는 집착이 괴로움을 불러옵니다. 이 고통을 없애는 방법으로 육신의 더러움을 떠올리고 상상함으로써 혐오감을 유발해 몸에 대한 과도한 집착을 내려놓게 하는 효과를 기대하는 것입니다. 그러나 이때 부정관이 지나쳐서 집착을 끊는 것이 아니라 신체를 학대하고 심지어 목숨을 끊는 것으로 변질되는 것을 주의해야 합니다.

자비관(慈悲觀)

두 번째는 일체중생에 대해서 대립하는 마음 때문에 미워하고 성내는 마음을 제거하는 자비관(慈悲觀)입니다. 분노의 성향이 강한 사람은 모든 생명들에 대해서 연민의 마음을 가지고, 그 자비한 마음을 응시하고 관하라는 것입니다. 이 자비관은 존재하는 모든 중생들이 행복하기를 기원하는 선한 의도와 대상에 대한 관심과 주목, 그리고 그들을 향한 사랑으로 자기 자신의 행복한 감정을 불러오게 합니다. 자비관은 또한 성냄의 감정이 주변을 향한 적대감이 되어서 다른 존재와의 사이를 단절하는 데서 오는 괴로움을 없앰으로써 자신의 불편한 감정을 감소시키는 수행이기도 합니다.

인연관(因緣觀)

세 번째는 일체 모든 것들이 원인과 조건에 얽혀서 발생한다는 사실을 알아서 어리석은 마음을 제거하는 인연관(因緣觀)입니다. 이 세상에 물질적으로든 정신적으로든 존재하는 일체 모든 것들은 인연으로 모이고 흩어지고 없어진다는 것이 부처님이 깨달은 연기법(緣起法)입니다. 그런데도 사람들은 연기의 진리를 알지 못하고 믿지 않아서, 당장 눈앞에서 벌어지고 있는 현상계만을 인정하고 거기에 매달려 울고불고하는 어리석음에서 벗어나지 못하고 있습니다.

대체로 어리석은 사람들은 삶과 죽음에 대한 문제의식이 부족하고 자신과 타자와의 연기적 관계에 대한 인식이 결핍되어 있습니다. 그러므로 원인과 조건에 대한 사유를 통해서 자신과 세상이 어떻게 서로 상호의존적으로 연결되어 있는지 통찰하는 수행이 필요한 것입니다.

계분별관(界分別觀)

네 번째는 일체의 현상으로 나타난 것은 그것을 만든 실체가 존재하지 않는 것이라고 관찰하는 계분별관(界分別觀)입니다. 나를 둘러싸고 있는 나의 인식이나 인식의 대상이나 인식을 통해서 얻어진 것이나 그 일체는 지·수·화·풍·공·식(地水火風空識)의 여섯 가지 요소[六大]들이 결합된 물건들이지 실로 있는 것이 아니라 여겨, 참으로 있다고 실체시 하는 견해를 제거해 버리는 수행입니다. 나라고 하는 존재 자체가 근본적으로 무엇으로 구성되어 있는지를 통찰하는 훈련입니다.

이러한 통찰을 통해서 우리가 주장하는 그 '나'의 바탕인 몸과 마음이 실제로는 무수한 타자의 몸과 마음으로 구성되어 있다는 사실을 깨닫도록 돕고, 그렇게 함으로써 타자와 비교해서 차별하고 우월감과 열등감, 자만심의 고통으로부터 자유로움을 얻도록 돕는 것입니다.

수식관(數息觀)

다섯 번째는 자기의 호흡을 세어서 산란한 마음을 제거하는 수식관(數息觀)입니다. 자연계인 대기(大氣)의 호흡을 관찰하고 자신의 호흡에 집중하여 호흡이 드나드는 숫자를 세는 방법으로 마음을 안정시키고 마음을 가라앉히기 위한 선정의 관법입니다. 입으로는 염불을 하고 마음으로 화두를 간(看)하지만, 자꾸 어지러운 생각이 나고 이런저런 망상 때문에 염불이나 참선이 방해를 받을 때, 이 관법수행을 통해서 그것을 극복할 수가 있는 것입니다.

호흡을 들이쉴 때는 약간 빠르게, 그리고 내쉴 때는 아주 진지하게 하되 너무 무리하지 않는 상태로 서서히 하는 것이 수식관의 기초입니다. 이렇게 해서 번뇌망상을 제거하는데, 분별심이 강한 사람은 수식관을 통해서 계산하고 따지는 마음을 쉬도록 할 수가 있습니다.

저도 선방에서 처음 참선하다가 상기가 되어 머리가 무겁고 아무것도 할 수 없는 상태가 되었는데, 이때 은사스님께서 가르쳐주신 수식관으로 회복한 적이 있습니다. 수식관은 수행하는 데 있어서 매우 중요합니다. 좌선을 하든지 염불을 하든지 적어도 앉아서 삼매의 힘을 키우는 데 있어서는 이것이 기초가 됩니다. 수식관을 기초로 삼아서 힘을 얻은 다음에 참선이나 염불을 해 나간다면 다들 실수 없이 성장할 수 있을 것입니다.

7
네 가지 마음챙김의 확립[四念處]

네 가지 마음챙김의 확립[四念處]은 『남전대장경』「장부」의 『대염처경』과 『열반경』「성행품」 등에서도 설하고 있으며, 사념주(四念住)라고도 부릅니다. 사념처란 세계를 어떻게 보느냐는 견해에 관계되는 부분입니다. 우리들은 육안으로 보고 감각으로 경계를 대하기 때문에, 내가 있고 경계가 있고, 이 경계를 눈과 코와 귀와 같은 인식기관의 감각을 통해 접촉을 합니다. 여기서부터 견해를 일으키고 이런저런 생각들을 일으켜서 그것에 집착해서 그릇된 사고(思考)를 가지게 되고 여러 가지 고통을 만나게 됩니다. 부처님께서는 이러한 중생들의 네 가지로 전도(顚倒)되어 있는 견해를 깨뜨려서 우리들에게 안락을 주기 위해서 이 법문을 하신 것입니다.

첫째는 몸은 깨끗하지 못한 것임을 관하는 것[觀身不淨]입니다. 이 육체, 겉껍데기는 닦고 닦아도 냄새나는 것이라는 말입니다. 둘째는 감각적인 것은 모두 괴로움을 가져온다고 관하는 것[觀受是苦]입니다. 혀든 손이든 만져보는 것이든 이러한 감각적인 것을 좋아해서 빠지지 말라는 말입니다. 셋째는 마음은 덧없는 것임을 관하는 것[觀心無常]입니다. 마음은 잠시도 머물지 아니하고 흘러간다는 말입니다. 넷째는 일체 법은 본래 실체가 없음을 관하는 것[觀法無我]입니다.

몸은 깨끗하지 못한 것임을 관하는 것[觀身不淨]

첫째는 몸[身], 즉 육체적인 몸에 대한 것으로 몸은 깨끗하지 않다는 것입니다. 우리가 이 세상에서 가장 먼저 느끼는 대상은 이 몸입니다. 몸으로 말하면 이 세상에서 제일 귀한 것입니다. 이 육체는 무엇과도 바꿀 수 없는 정말 귀한 것이어서 돈을 얼마를 준다고 해도 손가락 하나 내놓을 사람이 없습니다. 누구나 몸을 그렇게 귀하게 생각하고 몸은 무엇보다도 깨끗한 것이라고 알고 있지만, 부처님께서는 이 육체를 보고, "육체는 그렇게 깨끗하고 귀한 것이 못된다. 그러므로 육체에 매인 생각을 버려라."고 가르칩니다.

우리들은 이 몸이 청정한 것으로 알지만 여러 가지 물질이 모여서 이루어진 것이기 때문에 결국 허물어지게 됩니다. 부정한 것이므로 냄새나고 머지않아 송장이 됩니다. 그런데도 이 사실을 모르고 몸에 집착하는 것입니다. 이렇게 집착해서 신체가 영원한 것으로 알고 매달리기 때문에, 부처님께서는 그러한 전도(顚倒)를 깨뜨리기 위해서 거기에 대한 집착을 끊으라는 것입니다.

이렇게 집착을 끊고 나면 알맹이가 나옵니다. 그러므로 겉껍데기에 집착하면 더럽고, 끊임없이 변하고, 고통스럽고, 믿을 것이 못되는 것이지만, 그런 집착을 끊고 보면 그 알맹이는 반대입니다. 알맹이는 더러운 것이 아니라 청정이고, 고통이 아니라 즐거움이고, 항상 변하는 것이 아니라 영원한 것이고, 무아(無我)가 아니라 실다운 자기가 있는 것입니다.

이것은 현상에 대한 설명입니다. "몸이라는 것은 결코 항구적인 것이 되지 못하고 몇 가지 요소들이 모여서 이루어진 것이며, 끊임없이 변하는 과정이다. 육체는 부정(不淨)하다, 깨끗하지 못하다, 날 때부터 온갖 추한 물질을 계속해서 드러내고, 끊임없이 죽음을 향해서 달려가고, 마침내 죽음을 실현한 다음에는 그 모양이 참으로 몰골사납다."라고 하십니다. 그래서 육체에 대한 탐착을 가진 사람을 수행시키는 법 가운데, 몸이 백골로 바뀌는 과정을 관(觀)하게 하는 오정심관(五停心觀)의 부정관도 있어서 육체에 대한 탐욕심을 제거하게 만듭니다.

감각적인 것은 모두 괴로움을
가져온다고 관하는 것[觀受是苦]

사념처의 두 번째는 감각입니다. 감각으로 느끼는 것은 즐겁고 좋은 것 같아도 모두가 괴로움을 가져온다고 관하는 것[觀受是苦]입니다. 왜 괴로움이 됩니까? 우리가 보고 느끼고 받아들이는 이 세계, 즉 혀에 달콤하고, 손에는 부드럽고, 눈에는 아름답고, 귀로는 즐거운 이 감각이라는 현상들은, 우리가 일단 그것들을 취하면 그렇게 즐겁고 고운 것이 못 된다는 것입니다. 거기에 빠져 있을 때, 감각으로 빠져 들어 갈 때, 그것은 바로 고통을 가지고 온다는 것입니다.

이것은 부처님께서 감각에 빠진 것을 제거하기 위해 하신 말씀은 아닙니다. 앞의 '관신부정(觀身不淨)'에서도 육체가 부정(不淨)하다는 것이 사실인 것처럼, 육체는 끊임없이 침과 분비물을 흘리고 마침내 송장이 되는 존재라는 것이 사실인 것처럼, 그것이 사실이지 방편으로 설하신 것이 아닙니다. '관수시고(觀受是苦)'에서 감각, 받아들이는 것도 그렇습니다. 우리가 보기에는 참 좋고 귀한 것처럼 보여도 그것은 어떻든 고통이며 고(苦)를 가지고 온다는 것입니다.

무엇을 고(苦)라고 부릅니까? 산스크리트어 '두카(duhkha)'의 번역어인 고(苦)라는 것은 진리와 어긋난 것을 의미합니다. 그런데 이 고(苦)는 실지의 고(苦)입니다. 먹고 마시고 즐기고 하는 것에 탐착하게 되면, 좋다고 듣고 느끼는 감각세계에 빠져버리면, 그만큼 자성(自性)의 평등한 상태를 잊어버리기 때문에 선정력(禪定力)이 깨지는 것입니다. 그래서 안정된 힘이 깨지면 그만큼 불행한 일을 당하게 됩니다. 불행을 만나고 악도에 떨어지고 하는 것도 전부가 감각에 매달려서, 향락에 빠져서 거기에 탐착해서 깊이 빠져 들어가기 때문에 그만큼 자기 자성의 원만함을 잊어버려 불행한 경계를 만나게 되는 것입니다.

그러나 염불을 하거나 관법을 닦아서 삼매에 들면, 즉 안정된 마음, 깊은 마음이 되면 눈에 보이는 것이 없어지고 귀에 들리는 것이 없어집니다. 부처님의 경우, 벼락이 떨어져서 사람이 죽고 소가 죽고 그런 난리가 나도 그 경계에 빠지지 않아 "나는 그 소리를 듣지 못했다."고 하셨습니다. 경계에 빠지지 아니하고 안정된 본심대로 머무를 때에 정말 안정된 자기의 생애가 열리는 것입니다.

고(苦)는 안정된, 평등한 마음상태를 잃어버리고 자기를 상실하는 까닭에 불행을 가져옵니다. 악도에 빠진다고 하는 것은 전부 그런 것입니다. 분한 생각이 있거나 성내는 마음을 펄펄 일으켜 가지고 안정된 마음을 잃어버리거나, 탐착심에 빠져 자기 본성의 안정을 잃어버리기 때문에 악도에 빠져 버린다고 합니다. 왜 화를 내면 악도에 빠지고 탐착심을 가지면 지옥에 빠지느냐 하는 이유가 그런 데 있는 것입니다. 이렇게 감각적인 것에 매달려서 빠질수록 고(苦)를 가져온다는 것은 달래기 위해서 시어낸 말, 방편이 아니라 사실인 것입니다.

마음은 덧없는 것임을 관하는 것[觀心無常]

사념처의 세 번째는 마음은 덧없는 것임을 관하는 것[觀心無常]으로, 마음은 무상하다는 것입니다. 마음을 두고 맹세한다고 하지만 우리가 쓰고 있는 마음, 우리가 알고 있는 마음은 항상 흔들리고 있는 마음입니다. 이렇게 말씀드리면 혹자는『화엄경』의 "일체 모든 것은 마음이 만들고[一切唯心造] 일체 모든 것은 마음이 나타난 것[一切唯心所顯]이다."라는 언구를 생각하면서 '마음은 무상한 것이 아니다'라고 반론을 제기할지도 모르겠습니다. 그러나 마음에는 참마음과 거짓마음의 둘이 있습니다.

우리는 마음을 한자로 '심(心)'이라고만 사용하고 있을 뿐이어서 참마음과 거짓 마음의 둘이 있다는 사실을 모르고 살아갑니다. 그러다보니 마음에 두 가지가 있다는 것을 인정하지 않습니다. 왜냐하면 대다수의 사람들이 참마음을 한 번도 경험하지 못했기 때문입니다. 그러나 불교국가인 티베트에서는 언어 자체에서 마음을 '셰랍'과 '예쉐'라는 두 가지로 구분하고 있습니다. '셰랍'은 분별과 생각 이전의 근본 마음을 말하고, '예쉐'는 분별하는 지혜고 분별하는 마음을 말합니다.

'꽃이 피고 새가 울고 물이 흘러간다.' 이것을 보고 느끼고 아는 마음은 참마음이 아닙니다. 경계를 보고 일어나는 마음은 경계를 이해하는 마음이지 참마음은 아닙니다. 분별하는 마음은 경계를 따라 일어나는 마음이라는 뜻입니다. 욕심에서 일어난 자기표현입니다. 이것은『능엄경』에서 "마음에 두 가지가 있으니, 첫째는 모든 중생들이 경계에 끄달리는 반연심을 가지고 각자의 자심으로 잘못 여기는 것이고, 둘째는 처음이 없는 보리열반의 원래 청정한 바탕인 마음이다."라고 설하고 있는 것에서도 확인할 수 있습니다.

　몇 년 전에 『금강경오가해』를 보다가 야보도천(冶父道川) 선사의 게송 가운데 이 구절을 읽으면서 정말 공감했던 것이 기억납니다.

　　　　퇴후퇴후간간차(退後退後看看且)
　　　　완석동야(頑石動也)

　　　　물러서고 물러서서 잘 살펴보아라
　　　　반석 같은 단단한 돌도 움직인다.

'물러서고 물러서서 잘 살펴보아라'는 말은 "물러서고 물러서서 깊이 깊이 자신을 살펴라, 참석하고 염불해서 번뇌망상이 다 끊어지고 끊어졌다고 하는 것마저도 끊어져 버렸을 때, 다시 살펴보아라. 이제 여기야말로 더 물러설 곳 없는 안정의 땅이다. 번뇌망상 흔들리는 경계가 아니고 흔들림이 없는 대지와 같은 세계다."라는 뜻입니다.

　예를 들어 참선이나 염불을 하다 보면 경계가 없어집니다. 경계라고 한다면 자기 마음의 경계뿐인데, 마음에 자기 자신이 따로 없고 그야말로 일체가 투명한 자기 자신만이 있는, 자기도 대상도 없는 밝고 투명한 형언하기 어려운 경계에서 일체 대립이 없는 한 물건이 되면 그런 경계가 나옵니다.

　그렇게 되면, '아, 이것이 이제 더할 것이 없는 안정된 땅에 온 것인가? 정말 일체 번뇌가 쉰 곳인가?' 하고 생각하게 됩니다. 하지만 그러지 말고 다시 물러서고 물러서서 보면 반석과 같이 대지와 같이 허공과 같이 든든하다고 믿었던 것도 또 움직입니다. 바로 이것이라고 거기에 집착하면 그만 놓치는 것입니다.

　몇 년 전에 그런 것을 느꼈던 때가 생각납니다. 더욱이 우리가 평상시에 쓰고 있는 이 마음, 이 생각이란 종잡을 수 없습니다. ‘예쉐’라는 마음입니다. 나도 내 마음을 모르는 것입니다. 그저 현실에 따라 바뀌고 사정에 따라 바뀌고 때에 따라 바뀌고 세월에 따라 바뀝니다. 마음은 끊임없이 흔들리는 덧없고 무상한 것임을 알아야 합니다.

일체 법은 본래 실체가 없음을 관하는 것[觀法無我]

마지막으로 네 번째는 일체 법은 본래 실체가 없음을 관하는 것[觀法無我]입니다. 모든 법은 무아(無我)라는 것입니다. 법(法)이라고 하면 모든 현상을 가리킵니다. 법은 일체 현상일 경우가 있고, 규칙·규범·가치·판단의 의미일 경우가 있고, 근본적인 진리 그 자체를 말할 때가 있습니다. 즉 법이란 말에는 세 가지의 의미가 들어있습니다.

　제1의 법, 다르마(Dharma)는 근원적인 진리, 그 자체입니다. 제2의 법, 다르마는 규범·규칙·판단·가치·규정입니다. 제3의 법, 다르마는 일체 현상, 삼라만상, 일체 세계를 가리킵니다. 관법무아(觀法無我)의 법은 제3의 법입니다. 모든 감각의 대상이 될 수 있는 일체 세계 일체 현상 그 모두가 법입니다. 그 법은 무아(無我), 즉 현상이란 것은 실체가 없다는 말입니다.

지금의 현대물리학이 그것을 해명해 주고 있습니다만, 어떤 현상도 고정된 것은 없습니다. 현상이란 몇 가지 요소들이 결합해서 이루어진 것이고 끊임없이 변하는 과정이지 한 물건도 고정적이거나 절대적인 것은 없습니다. "이것은 영원한 것이다, 이것은 청정한 것이다, 이것은 변함이 없다, 이것은 즐거운 것이다." 하고 우리는 이 세상을 즐거운 것, 귀한 것, 영원한 것, 절대적인 것이라고 보지만 부처님께서는, "너희들이 보는 것은 껍데기 현상일 뿐, 모두가 변하는 것이므로 즐거울 것이 못된다. 전부가 고통을 가져오니 거기에 빠지지 말라."고 가르칩니다.

이것은 유위법(有爲法), 세간에 일어나는 모든 인위적이고 조작적인, 함이 있는 현상 곧 우리의 감각 대상이 되고 있는 이 세계, 현상에 대한 평가인데 범부들은 귀하고 아름답고 좋다고 매달리고 청정하냐고 매달리지만, 부처님의 평가는 그게 아닙니다. 이 세계는 더러운 것이고 고통스러운 것이고 끊임없이 변하는 것이고 절대적인 것이 없다고 현상에 대해서 가르치십니다.

8
달마교단의 수행법

~~~~~~

<div style="text-align: center">

중도(中道)에 바탕을 둔 수행법

</div>

지금까지 달마 조사가 제시한 수행법인 '본래로 돌아가기 위한 네 가지 실천[四行]'과 초기불교에서 택하고 있는 수행법인 '네 가지 마음챙김의 확립[四念處]' 및 '삿된 마음을 정지하기 위한 다섯 가지 관법[五停心觀]'에 관해서 살펴보았습니다.

그 결과 우리들은 두 수행법에는 서로 간에 상당한 다름이 있음을 알 수 있었습니다. 이 말은 서로 간의 우열을 말하는 것은 아닙니다. 또한 쉽고 어렵고의 문제를 말하는 것도 아닙니다. 여기서는 단지 달마 조사가 왜 초기불교의 수행법을 계승하지 않고 독자적인 수행법을 제시했는가에 관해서만 고찰해 보고자 합니다.

앞에서 오정심관은 '부파불교에서 정리한 선정설'이라 할 수 있다고 말씀드렸습니다. 왜 이런 가능성을 제기하는가 하면, 몸의 더러움을 떠올려서 관찰하는 부정관(不淨觀)을 위시한 오정심관은 다분히 부처님이 버린 고행주의적 경향이 많기 때문입니다. 즉 부처님

<div style="text-align: center">

160

</div>
~~~~~~

께서는 성도(成道)하신 후 자신과 함께 고행하다가 떠난 다섯 비구를 제도하기 위해서 바라나시에 있는 녹야원을 찾아갔습니다. 거기에서 부처님이 그 비구들에게 하신 말씀이 『남전대장경』〈율부3〉「초전법륜」에는 다음과 같이 설해져 있습니다.

> "비구들이여, 세상에 두 변[二邊]이 있으니 출가자
> 는 가까이하지 말지니라. 무엇을 둘이라 하는가.
> (첫째는) 여러 욕망을 애욕하고 탐착하는 일은 하열
> 하고 비천하며 범부의 소행이요, 현성(賢聖)이 아니
> 고 의(義)에 상응하지 않는다. (둘째는) 스스로 고뇌
> 하고 번뇌하는 일은 괴로움으로써 현성이 아니고
> 의에 상응하지 않는다. 비구들이여, 여래는 이 두
> 변을 버리고 중도(中道)를 바르게 깨달았느니라."

어느 한 편으로 치우친 상대적인 견해를 말하는 두 변 가운데는 선악(善惡), 유무(有無) 등 여러 가지가 있습니다. 그 중에서 여기에서는 고와 낙을 예로 들었습니다. 인용한 경문에 있는 두 변 중 첫 번째는 욕망에 탐착하는 욕락(欲樂), 즉 낙을 말한 것이고, 두 번째는 고행에 집착하는 괴로움, 즉 고를 말한 것입니다.

여기서 고와 낙을 예로 든 것은 부처님 당시의 실정에 따라서 말씀하신 것입니다. 즉 그 당시 수행자들의 상당수가 고행을 위주로

하는 고행주의자(苦行主義者)였으며, 부처님을 따라서 최초로 출가한 다섯 비구도 세상의 향락을 버리고, 고행을 해야만 해탈할 수 있다는 생각을 고수하였으므로 부처님이 병을 따라 약을 주듯이 고와 낙을 예로 든 것입니다.

이처럼 깨달음을 얻으신 부처님이 최초로 하신 법문은 고행과 욕락을 함께 배척한 중도(中道)입니다. 그런 부처님이 제자들에게 고행을 수반하는 오정심행 같은 수행법을 가르쳤다고 단언하기 어렵습니다. 또한 '두타(頭陀)제일 가섭 존자'라는 말에서 알 수 있듯이 초기불교에는 고행과는 다른 두타행이라는 수행법이 있었습니다. 그런 까닭에 저는 오정심행은 부파불교에서 형성되어 정리한 수행법이라는 생각을 지울 수가 없습니다.

즉 달마 조사는 인도에서 이미 실천된 고행위주의 수행법은 부처님의 본래 뜻과는 다르다는 생각과 함께 중국 사람들이 받아들이기 어려울 것이라고 생각하신 것 같습니다. 왜냐하면 중국에는 이미 고타마 부처님과 동시대의 인물로 추정되는 노자와 공자라는 두 성인이 있었습니다만, 그들의 생애 어디에서도 고행의 흔적을 찾아볼 수 없고, 따라서 종교적으로 성인의 반열에 오르기 위해서는 고행이 따라야 한다는 생각은 상상도 할 수 없기 때문입니다.

이렇게 종교에서 희구하는 목표를 성취하기 위해서는 반드시 고행이 수반되어야 할 필요가 없다는 중국인들의 생각은 달마교단에 한정된 것만은 아닙니다. 중국불교에서 시작된 염불수행이 그것을 증명하고 있습니다. 달마 조사는 이러한 몇 가지 이유 등으로 고행이나 두타행이 중국인에게는 알맞지 않고, 따라서 불법(佛法)을 펴기에 도움이 되지 않는다고 생각해서 지금까지 없었던 '본래로 돌아가기 위한 네 가지 실천[四行]'을 수행의 실천덕목으로 제시했을 것이라는 소납의 생각입니다.

중도(中道)-모두를 초월한 자리

여기서 중도(中道)에 관해서 조금 더 살펴보겠습니다. 부처님의 지혜는 모든 도리를 다 아시고 치우친 양변을 떠나 중도에 계시다고 했습니다. 앞에서 말씀드린 것처럼, 양변이라면 있고 없는 상대적인 것을 말합니다. 두 쪽입니다. 어둡고 밝은 것, 생과 사, 좋고 나쁘고, 밉고 곱고, 모든 상대적인 것을 양변이라고 합니다.

수행에 있어서 고행하는 것, 고통스러움이 수행이라 해서 고를 취하는 것이 고행주의이고, 또 고는 수행이 아니다. 세상은 즐거운 것이다. 즐겁게 살아야 한다고 해서 즐거움을 취하고 마시고 놀고 뛰며 즐거운 것에 빠지는 것은 쾌락주의입니다. 고행과 쾌락도 양변입니다. 부처님은 이 고행과 쾌락의 양극단을 여의고 중도를 깨달으셨습니다.

부처님이 이런 중도에 계시다고 하는 것은 이 모두를 지워버렸다는 뜻이 아닙니다. 이 모두를 초월한 근원적인 자리, 거기에 머무

신다는 뜻입니다. 저는 이 모두를 초월하는 근원적인 자리에 대해
'참으로 있는 실재(實在)'라는 용어가 잘 어울린다는 생각을 합니다.
양쪽을 여의는 것, 예컨대 조용하다 혹은 시끄럽다, 이 두 가지를 여
의는 것은 일심(一心)을 말합니다.

중도는 바로 이 일심을 통해서 들어가는 것이고, 일심을 통해서
양변인 좋다 나쁘다, 밉다 곱다, 생(生)이다 사(死)다 하는 그 두 조각,
이 상대적인 세간을 초월하고 거기서 벗어나서 그 모두를 함께 싸고
넘어선 자리에 있게 되는 것입니다. 이것이 중도의 자리이며 바로 근
원적인 진리의 자리입니다.

부처님은 이 중도에 머무십니다. 부처님은 모든 문자나 말을 초
월하여 모든 사람들의 생각하는 바를 다 아시고 순간 동안에 이 세간
의 모든 일을 다 아십니다. 부처님은 이와 같이 일체를 비추시고 다
아십니다.

부정(不淨)의 관념을 제거한 수행법

다음으로 생각해 봐야 할 것은 '네 가지 마음챙김의 확립[四念處]'과
'본래로 돌아가기 위한 네 가지 실천[四行]'의 관계입니다. 혹자는 사
념처와 사행의 실천덕목이 똑같이 네 가지로 되어 있기 때문에 달마
조사의 사행이 초기불교의 사념처에 대입(代入)시킨 것이라고 생각
할 수도 있을 것입니다.

그러나 저는 앞에서 살펴본 것처럼, 사행이 단순하게 사념처만의 대입이 아니라 오정심관과 사념처를 함께 고려하여 사행이라는 수행법을 제시했다고 생각합니다. 왜냐하면 앞에서 오정심관은 고행주의적 경향이 많은 수행법이라고 말씀드렸습니다만, 사념처는 네 가지 항목이 전부 인간이라는 존재 자체를 긍정적이 아니라 부정적(否定的)이고 부정적(不淨的)인 측면만을 강조하고 있기 때문입니다.

달마 조사는 초기불교의 인간에 대한 이러한 부정적(否定的)이고 부정적(不淨的)인 관념이 심종교(心宗敎)를 중국화(中國化)하는 데 걸림돌이 된다고 생각하신 것 같습니다. 때문에 달마 조사는 사념처에 항상 따라다니는 부정(不淨)의 관념을 제거할 필요가 있었던 것입니다. 이것이 중국이라는 나라에서 불법을 전파하는 데 가장 필요한 것이라고 본 것입니다. 요컨대 사행은 이입(理入)의 일상화로서 무언가를 목적으로 하는 수행이 아닌 것입니다.

또한 『능가사자기』를 보면 구나발타라 삼장(三藏)은 수행과 안심을 구별하여 다음과 같이 설하고 있습니다.

"성불하고자 하면 먼저 안심하는 것을 배워야 한다. 아직 마음이 불안하다면 선(善)도 또한 선이 아니거늘 악행은 말할 필요도 없다. 마음이 안정되면 선도 악도 짓지 않는다. 『대품반야경』〈권20〉에는 '법[존재]과 법[존재]은 서로 알지 못한다'라고 설하

고 있다. 이 나라에 들어온 이래로 아직 도를 제대
로 닦는 이를 보지 못했는데, 하물며 안심을 이룬
이야 어떠하겠는가. 수련하고 있는 사람이 드물게
눈에 띄기는 하지만, 도에 계합되지 못하고 있다.
단지 이는 수도(修道)라고 이름할 뿐, 안심이라고는
도저히 말할 수 없다.”

물론 구나발타라 삼장의 말씀은 달마 조사의 안심에 관한 것이지만,
이것 외에도 중요한 내용을 밝히고 있다는 생각이 듭니다. “이 나라
에 들어온 이래로 아직 도를 제대로 닦는 이를 보지 못했는데, 하물
며 안심을 이룬 이야 어떠하겠는가. 수련하고 있는 사람이 드물게 눈
에 띄기는 하지만, 도에 계합되지 못하고 있다.”라는 당시 중국불교
의 수행 형태를 꼬집은 부분입니다. 그 당시의 수행자들은 대다수가
도를 이루겠다는 목적을 두고 수련을 했을 뿐, 법성(法性)에 계합하는
정진은 하고 있지 않다는 것입니다.

새로운 신행운동

『반야경』을 들고 ‘부처님의 근본정신으로 돌아가자’고 외치면서 대
승불교 운동은 시작됩니다. 그러나 그 새로운 신행운동이 순탄하게
진행된 것은 아닙니다. 왜냐하면 정법을 전파하고자 함에는 박해를

만나고 세상이 받아주지 않는 경우가 많은 것이 세상인심이기 때문입니다. 그때까지의 신앙이 광신에 가깝게 빠진 사람들도 있기 때문입니다. 말법세상에서는 특히 심합니다. 『법화경』을 보면 부처님께서 이 경을 설할 당시 얼마나 많은 저항이 있었는지를 잘 묘사하고 있습니다. 항상 그러한 저항과 위기 속에서 새로운 신행운동은 확산됩니다.

이러한 새로운 신행운동의 측면에서 앞의 '달마의 전기'를 보면, 담림 스님이 '세간의 비방에서 몸을 보호하는 사람과의 융화[妨護譏嫌]'와 '어느 것에도 고집하지 않는 방편[遣其不著]'이라는 표현을 쓰고 있습니다. 왜 이런 말을 하고 있는가? 그것이 당시로서는 가장 절실한 문제였기 때문입니다. 인욕은 실로 일상생활에서 뿐만 아니라 수행에 있어서도 가장 중요한 덕목입니다. 사람들은 달마 조사와 그 제자들의 활동에 반감을 갖고 박해하려고 했습니다. 혹은 세상을 원망히여 신에 은거한 사람들은 더 심했을 것입니다. 그러나 달마 조사와 그 제자들은 그 어느 것에 대해서도 인욕하며 심종교운동을 전개했습니다.

한편 반야를 종지로 하는 벽관은 자칫 구제하기 어려운 공견(空見)에 떨어질 위험성을 내포하고 있었습니다. 뒤에서 말하겠지만 공견을 경계하는 말은 달마어록 곳곳에서 발견됩니다. 사람과의 융화와 방편은 벽관을 지키는 도가 되며, 그러한 배려가 보원행 이하의 사행에 있는 것입니다. 그러므로 달마 조사의 사행이 초기불교

의 오정심관이나 사념처와는 괘(掛)를 달리한 것은 당연하다고 생각
합니다.

부처님이 깨달은 궁극적인 진실

부처님의 가르침이 틀림없이 무상(無常)·고(苦)·공(空)·무아(無我), 혹
은 부정(不淨)·무상(無常)·무아(無我)이긴 하지만, 이것은 현상에 대
해서 범부들이 집착하기 때문에 범부들의 그릇된 생각을 버리게 하
기 위해서 말씀하시는 것이지, 당신이 깨달은 궁극적인 진실을 말한
게 아닙니다. 불법을 공부하는 사람들은 이것을 알아두어야 합니다.
즉 '이 몸은 더럽다, 부정하다' 하는 부정(不淨)에 대한 가르침, '이 세
상은 모두가 괴로운 것이다' 하는 고(苦)의 가르침, '모든 것은 덧없고
무상한 것이다' 하는 무상(無常)의 가르침은 불법이며 부처님의 말씀
이긴 하지만, 부처님이 깨달은 입장에서 깨달음 자체를 말한 것은 아
닙니다. 순수한 불교에서의 참된 깨달음 자체는 그것이 아닙니다. 부
처님의 이 말씀은 단지 현상 경계의 유위법에 대한 부처님의 평가일
뿐입니다.

　범부들이 전도(顚倒)된 거꾸로 된, 잘못된 생각을 일으켜 휘둘린
그릇된 생각을 가진 데 대해서 "너희들이 보고 있는 세상은 부정한
것이고 고통스런 것이고 덧없는 것인데 뭘 그러느냐"라고 부처님은
말씀하십니다. 그러면 부처님 법문에서 뭐가 진실입니까? 아시다시

피 부처님은 법신(法身)입니다. 번뇌가 다한, 번뇌가 끊어진 것이 아니라 번뇌가 본래 없다는 것을 알아 버린 것입니다. 끊어 버릴 것도 없다는 말입니다. 번뇌란 원래 없으므로 열반에 이른 상태나 불성·법성·진여(眞如)의 진리 자체로 계시는 부처님의 입장에서의 진리는 다릅니다.

실제로 부처님께서 깨달은 법문은 열반이 가진 네 가지 덕성[涅槃四德]인 상(常)·락(樂)·아(我)·정(淨)입니다. 인간의 생명은 영원한 것[常], 온갖 즐거움이 충만한 것[樂], 불성으로의 참 나가 있는 것[我], 무한 청정이 흘러나오는 것[淨]입니다. 사람의 본성이 법신이고 부처님의 진리로서 자기 생명을 갖춘 자리고 불성이고 법성입니다.

그런 생명인 까닭에 이 진리의 세계에서 보면 진리는 무상한 것도 아니요, 고통스러운 것도 아니요, 실체가 없는 것도 아니요, 더러운 것도 아니고 오히려 그 반대입니다. 사람의 본성은 떳떳한 것이며 변치 않는 것입니다. 나의 진실생명의 세계는 떳떳한 것이며 변치 않는 것이고 즐거운 것이지 고통이 아닙니다. 나는 무아(無我)가 아니라 진실한 불성으로서의 자신이 있는 것으로 그것은 지극히 청정한 것입니다.

이렇게 볼 때 사념처(四念處)와 상락아정(常樂我淨)은 정반대의 말입니다. 우리는 이 세상을 살면서 모든 사람들이 영원히 천년만년 살 것처럼 생각하고, 제일 귀한 것이 자신인 줄 알고, 제일 깨끗한 것이 자기인 줄 알고, 현상을 보고 모두가 천지가 즐거운 것으로만 평가하고 있지만 부처님은 그것을 부정한 것으로 여기는 것입니다. 그 부정한 법문이 사념처입니다.

그것을 부정해서 어떻게 했습니까? 현상을 부정해서 없다고 주장하는, 현상이 없는 것을 불법이라 알고 있는 것을 소승(小乘)이라고 하는 것입니다. 자기 자신이 없다는 것이 아니라, 없는 것이므로 참으로 있는 것에 눈을 떠야 하는 것입니다. 참으로 있는 것은 불성이기 때문입니다. 달마 조사는 사념처를 버린 것이 아닙니다. 오히려 사념처를 깨달음 자체인 상·락·아·정이라는 열반사덕을 성취하기 위한 방편으로 활용하기 위하여 이입사행(二入四行)이라는 심종교의 이론과 실천론을 제시한 것입니다. 깨달음만을 진정한 불법으로 받아들인 것입니다.

우리 모두는 불성생명(佛性生命)

부처님께서 도를 깨치시고 나서 하신 말씀이 "귀하고 귀하도다. 일체 중생, 유정 무정이 전부 부처님의 무량공덕상(無量功德相)을 지니고 있고, 법성이 구족하다."라는 것이었습니다. 『화엄경』에 있는 법문입니다만, 사람들을 보니 모두가 불성을 지니고 있다는 것입니다.

불성인간의 입장이 인간을 바르게 본 것이요 깨침의 눈으로 본 것이고, 육체를 인간으로 보고 이 세간만 있다고 보는 눈은 깨치지 못한 눈입니다. 그렇기 때문에 우리 모두가 믿음을 어디다 두어야 하느냐 하면, 부처님의 깨달은 눈, 진리의 눈으로 보신 것을 말씀하신 법문에 두어야 합니다.

소납의 은사이신 광덕 대종사께서는 부처님의 깨달음 자체를 믿는 것을 '순수불교'라고 명명(命名)했습니다. 우리가 자신을 겉으로 보기엔 범부고 못나고 고통과 불안에 쌓여 있는 존재처럼 보일는지 모르지만, 그렇게 보는 것은 범부들의 눈이고 부처님의 눈으로 봐서는 우리는 법성·진여·불성·부처님의 공덕생명입니다. 부처님은 그렇게 보셨다는 말입니다. 그것을 믿고, 그 믿음을 깨달음으로 삼고, 그 깨달음을 행하고 실현하고자 하는 것이 달마 조사가 일으킨 심종교의 입각처이고 방향입니다.

이것의 대답은 분명합니다. 어느 쪽을 따라야 합니까? '우리는 범부로소이다' 하고 세간밖에 못 보는 눈으로 갈 것이 아니라 깨달은 눈, 부처님의 진리의 눈으로 보신 바를 따라서 가야 하는 것입니다. 믿음과 행이 서서 나오는 것이고 진리를 믿기 때문에 진리의 결과를 가져오는 것입니다. 진리를 믿지 않을 때는 진리를 행할 도리도 없고 진리의 결과를 얻을 수도 없는 것입니다.

다시 한번 말씀드립니다만, 이 생명, 이 몸, 이 존재는 바로 대립의 존재가 아니라 불성이라고 하는 근본 진리의 실현입니다. 이 몸, 이 세계, 온 우주, 우주가 생기기 이전이나 온 우주가 없어진 후까지도 영원히 변치 않는 진리 법성이 우리의 진실생명입니다. 이렇게 끊임없이 '내가 청정광명, 부처님 무량공덕생명입니다' 하고 자기의 진실생명에 눈을 뜨고 믿음을 기울이고 행을 거기서부터 열어 가는 것입니다. 이렇게 닦는 것이 바르게 닦는 것입니다. 수행을 해서 우리의 환경을 바꾸고 싶고, 불안을 제거하고, 병고와 재난을 없애고 싶을 때 바로 이렇게 하는 방법이 제대로 된 이입사행의 수행입니다.

제
3
부

혜능 조사(慧能祖師)의 선불교(禪佛敎)

제 1 장

심종교(心宗教)의 계승자 혜능 조사(慧能祖師)

1
혜능 조사의 생애와 오도(悟道)

혜능 조사의 오도송(悟道頌)

달마 조사는 불타의 정법안장(正法眼藏)을 전하는 28대 조사로 불리는 동시에 중국 선종(禪宗)의 초조(初祖)가 됩니다. 때문에 이조혜가 선사로부터 오늘날까지 중국불교뿐만 아니라, 한국불교 선종계통의 선사들은 모두 달마 조사의 심종교인 이입사행의 계승자라고 할 수 있습니다. 이 가운데서도 가장 돋보이는 어른이 중국의 선불교(禪佛敎)를 실질적으로 일으킨 육조혜능(六祖慧能, 638~713) 조사입니다.

혜능 조사의 생애와 출가 후 수행과 깨달음의 과정에 대해서는 조사께서 직접 말씀하신 『단경(壇經)』에 자세히 나타나 있습니다. 그런데 『단경(壇經)』에는 『육조단경』과 『법보단경』이라는 두 서명이 있고, 판본으로도 돈황본(燉煌本: 780)·혜흔본(惠昕本: 967)·설숭본(契嵩本: 1056)·덕이본(德異本: 1290)·종보본(宗寶本: 1291)이 있어서 조사의 행적과 수행, 그리고 오도(悟道)에 관해서 한 마디로 말하기는 어렵습니다. 그래서 여기서는 흔히 「유통본」이라 일컬어지는 판본 가운데 하나인 「덕이본」 송천사(松川寺)판에 의거하여 간략하게 살펴보겠습니다.

혜능 조사의 성은 노씨(盧氏)이며 광동성(廣東省) 신주(新州)에서 태어났습니다. 조사는 어려서 부친을 여의고 홀어머니를 모시며 땔나무를 팔아 연명하던 가난한 나무꾼 소년이었습니다.

한번은 어떤 손님이 나무를 사서 객점에 두게 했는데, 나무를 객점에 두고 밖으로 나오다가 어떤 사람이 경 읽는 것을 들었습니다. 경에 "마땅히 머문 바 없이 그 마음을 낼지니라[應無所住 而生其心]."라는 구절을 한 번 듣고 곧 마음이 밝아져 그 손님께 물었습니다.

"손님이 외는 경이 무슨 경입니까?"

손님이 대답하였습니다.

"『금강경(金剛經)』이오."

다시 물었습니다.

"그 경을 어디에서 얻으셨습니까?"

"나는 이 경을 기주(蘄州) 황매현(黃梅縣) 동선사(東禪寺)에서 구하였소. 그 절에는 오조홍인(五祖弘忍, 601~674) 대사가 계시면서 교화하시는데 문인이 천여 명이나 되오. 내가 그곳에 가서 참배하고 이 경 설하심을 듣고 받아 왔소이다. 대사는 항상 승속 간에게 권하시기를 '다만 『금강경』을 수지하고 독송하면 곧 스스로 견성하고 성불한다' 하셨소."

그 손님의 말을 듣고 조사는 어머니를 편히 모시게 한 후, 곧 하직하여 30여 일이 채 못 되어 황매에 다다랐습니다. 곧바로 오조 선사께 인사를 드리니 오조께서 조사에게 물었습니다.

"너는 어느 곳 사람인데 이 산까지 와서 나를 예배하느냐? 또 내게서 새삼스레 구하려는 것이 무엇이냐?"

혜능 조사가 대답했습니다.

"제자는 영남 사람인데 지금 큰스님을 예배하는 것은 오직 부처 되는 법을 구하려 할 뿐입니다."

"네가 영남 사람이라면 오랑캐인데 어떻게 부처가 될 수 있단 말이냐?"

"사람에게는 남북이 있으나 부처의 성품은 남북이 없습니다. 오랑캐의 몸은 큰스님과 같지 않사오나 부처의 성품에 무슨 차별이 있겠습니까?"

오조께서는 더 이야기하고 싶었으나 좌우에 사람들이 둘러 서 있는 것을 보고 더 말하지 않고, 조사를 내보내어 대중을 따라 일하게 하였습니다.

그때부터 속가(俗家)의 성을 따라 노 행자의 신분이 된 조사는 한 행자를 따라 방앗간에 가서 여덟 달 동안 나무를 하고 방아를 찧었습니다.

하루는 오조께서 모든 문하생들을 다 모이게 하고 말씀하셨습니다.

"너희들은 각기 반야의 지혜를 써서 게송 한 수씩을 지어 나에게 가져오너라. 만약 큰 뜻을 깨친 사람이 있으면 법과 법의(法衣)를 전하여 제6대조로 삼을 것이다. 머뭇거리지 말고 빨리 거행하라. 생각으로 헤아리면 곧 맞지 않다. 견성(見性)한 사람은 모름지기 언하(言下)에 곧 보는 것이니, 만약 이와 같은 자는 칼을 휘두르며 싸우는 데서도 또한 볼 수 있는 것이다."

이에 노 행자보다 먼저 오조의 문하에 있던 교수사(敎授師) 신수(神秀, 606~706) 스님이 사람들이 다 잠이 든 삼경(三更)에 남쪽의 복도에 몰래 게송을 썼습니다.

신시보리수(身是菩提樹)

심여명경대(心如明鏡臺)

시시근불식(時時勤拂拭)

물사야진애(勿使惹塵埃)

몸은 보리수요

마음은 맑은 거울

부지런히 털고 닦아서

때 묻지 않도록 하라.

오조께서 아침에 게송을 보고 신수(神秀)가 쓴 것임을 즉각 알아보고 신수(神秀) 스님을 불러서 말했습니다.

"네가 지은 이 게송으로는 아직 너는 본성을 알지 못하였다. 다만 문 밖에 이르렀을 따름이요, 아직 문 안에는 들지 못하였다 할 것이니 이런 견해로 무상보리(無上菩提)를 찾는다면 마침내 얻지 못할 것이다. 무상보리는 모름지기 언하에 자기 본심을 알고 자기 본성을 보아야 한다. 나지도 않고 없어지지도 아니하여, 어느 때나 생각 생각이 만법에 막힘이 없음을 스스로 보고 하나가 참됨에 일체가 참되어 일체 경계가 스스로 여여(如如)하니, 이 여여(如如)한 마음이 바로 진실이다. 만약 이와 같이 볼진댄 곧 무상보리인 자성이라 할 것이니, 너는 다시 가서 하루 이틀 생각하여 다시 게송을 지어서 나에게 가져오너라. 너의 게송이 만약 문에 들어온 것이라면 너에게 의법(衣法)을 전할 것이다."

한 동자가 방앗간 옆을 지나면서 이 게송을 외고 있었는데, 그때 우연히 노 행자가 그것을 한 번 듣고 단번에 이 게송이 큰 뜻을 알지 못한 것임을 알았습니다. 노 행자는 본래 글을 쓰지 못했기 때문에 그 자리에 있던 별가의 벼슬을 지낸 스님에게 부탁하여 자신이 지은 게송을 복도에 쓰게 했습니다.

보리본무수(菩提本無樹)

명경역비대(明鏡亦非臺)

본래무일물(本來無一物)

하처야진애(何處惹塵埃)

보리에 나무 없고

거울 또한 받침대가 아니다

본래 한 물건 없거니

어느 곳에 티끌 일어나랴.

오조께서 이 게송을 보시고는 흡족하셨지만 대중들이 시기를 할까 염려하여 "이것도 또한 견성 못했다." 하면서 그 게송을 지워 버리니, 대중이 의심을 놓았습니다.

다음 날 오조께서 아무도 모르게 노 행자가 방아를 찧고 있는 곳을 찾아가서 말했습니다.

"방아는 다 찧었느냐?"

노 행자가 대답하였습니다.

"방아는 찧은 지가 오래됩니다만, 아직 체질을 못했습니다."

그러자 오조께서 수장자로 방아를 세 번 치고는 돌아갔습니다.

삼경에 노 행자가 방으로 찾아 들어오니, 오조께서 불빛이 밖으로 새어 나가지 않도록 가사(袈裟)로 둘레를 가려 사람들이 보지 못하도록 하시고 『금강경』을 설하여 주셨는데, "마땅히 머문 바 없이 그 마음을 낼지니라[應無所住 而生其心]." 하는 데 이르러서 노 행자가 언하에 대오(大悟)하여 오조께 말씀드렸습니다.

하기자성본자청정(何期自性本自清淨)

183

하기자성본불생멸(何期自性本不生滅)

하기자성본자구족(何期自性本自具足)

하기자성본무동요(何期自性本無動搖)

하기자성능생만법(何期自性能生萬法)

어찌 나의 본 성품이

본래 스스로 청정함을 알았으며

어찌 나의 본 성품이

본래 생멸하지 않는 것임을 알았으며

어찌 나의 본 성품이

본래 스스로 구족함을 알았으며

어찌 나의 본 성품이

본래 동요가 없음을 알았으며

어찌 나의 본 성품이

능히 만법을 냄을 알았겠습니까.

오조홍인(五祖弘忍) 선사께서 노 행자가 본성(本性)을 깨쳤음을 아시고 노 행자를 "장부(丈夫)·천인사(天人師)·불(佛)"이라 하시면서 돈교(頓敎)의 의발(衣鉢)을 전하여 6대조로 삼았습니다.

중국불교인 선불교(禪佛敎)

앞에서 말씀드린 것처럼 담림 스님은 달마 조사의 이입(理入)을 '경전을 통해서 불법대의를 앎'이라고 설명하고 있습니다. 여기서 말하는 경전은 『능가경』이나 『화엄경』과 같은 특정한 경전을 가리키는 것은 아니지만, 그 경전에 의하여 종지(宗旨)를 깨닫는 것이 가장 중요하고 달마 조사의 심종교는 특정의 경전에서 출발하고 있습니다. 물론 당시의 선종불교(禪宗佛敎)에서는 특정한 소의경전(所依經典)을 두지 않고 있었습니다.

그런데도 불구하고 달마 조사는 심종교의 종지를 깨닫게 하는 경전, 즉 일종의 소의경전으로 『능가경』을 택하였고, 이조혜가 선사에게도 "이 『능가경』 4권에 심인(心印)을 찍는다." 하시면서, 이 경을 전하며 수행의 근본으로 삼기를 당부하셨습니다. 그렇다면 달마 조사의 심종교에서 이렇게 중요시 한 『능가경』은 어떤 내용을 가지고 있을까? 『능가경』은 부처님이 스스로의 증득한 진리를 그대로 설파하신 경이라고 설하고 있는데, 경문(經文)에는 아래와 같은 내용이 있습니다.

"미혹도 깨달음도 마음에서 나타나며 모든 것은 마음에 의하여 만들어진다. 마치 재주 있는 목공이 마음대로 물건을 만들어내듯, 사람 마음의 변화는 한이 없고 그 작용도 한이 없다. 때 묻은 마음에서

때 묻은 세계가 나타나고, 맑은 마음에서 맑은 세
계가 나타난다. 그림은 미술가에 의하여 그려지고
바깥 경계는 마음에 의하여 만들어진다.
부처님의 세계는 번뇌를 여의어 청정하고 범부들
의 세계는 번뇌에 물들어 더럽혀져 있다. 마음은
자유로운 예술가와 같아서 온갖 경계를 마음대로
그려낸다. 이 세상의 어떤 것도 마음이 만들지 않
는 것은 하나도 없다. 이 마음처럼 부처님이 그러
하고 부처님처럼 모든 사람이 그러하다. 따라서 마
음과 부처와 중생, 이 세 가지의 차별은 없다. 모든
것은 마음에서 일어난다고 부처님은 말씀하셨다.
그러므로 이것을 아는 사람은 진실한 부처님을 보
는 것이다.”

그러나 이렇게 달마 조사가 이조혜가 선사에게 『능가경』을 전수하긴
했지만, 삼조승찬 선사, 사조도신 선사, 오조홍인 선사가 달마 조사처
럼 『능가경』을 수행의 기본 경전으로 삼은 것은 아니었습니다. 오히
려 달마 조사가 심종교의 일종의 소의경전으로 했던 『능가경』은 동
산법문(東山法門)으로 일컬어지는 사조도신 선사와 오조홍인 선사 대
(代)에 와서는 그 자리가 『금강경』으로 바뀌게 되었습니다.
그리고 달마교단이 이렇게 자교오종(藉教悟宗), 즉 경전을 통해

서 불법대의를 안다는 그 경전이 『금강경』으로 바뀌면서 달마 조사의 심종교는 중국불교인 선불교(禪佛敎)로 탈바꿈하게 되었습니다. 다시 말하면 이 일련의 과정은 인도에서 발생한, 석가모니 불타를 교주로 한 불교가 선(禪)이라는 이름의 중국불교로 새롭게 변모하여 태어나는 역사적인 전환기에 다름이 아니었습니다. 그리고 이 일련의 상황들을 불교사(佛敎史)의 입장에서 볼 때는 선불교라는 새로운 이단불교(異端佛敎)가 탄생하여 자리를 잡은 시기이기도 합니다.

물론 여기서 소납이 이단불교 운운(云云) 했습니다만, 원래 불교에는 이단(異端)이라는 말이 없습니다. 한 가지 예로 7세기 후반에 인도에서 발생한 밀교를 들 수 있습니다. 초기불교의 입장에서 밀교를 평하자면 밀교는 불교가 아닐 확률이 많습니다. 그러나 밀교는 이단의 시비를 받지 않고 정통불교에 편입되었습니다. 밀교의 교리가 삼법인(三法印) 혹은 사법인(四法印)이라는 제행무상(諸行無常)·제법무아(諸法無我)·열반적정(涅槃寂靜)·일체개고(一切皆苦)의 불교교리를 위배하지 않을 뿐만 아니라, 충실하게 따르고 있는 가운데 전개되고 있다는 이유입니다. 어쩌면 이렇게 이단이라는 개념 자체를 상정하지 않는 것이 불교의 장점이면서 단점인지도 모르겠습니다.

하여튼 달마 조사의 심종교는 선불교라는 옷을 입고 인도불교와는 결이 다른 중국불교로 정통성을 확보하게 되었습니다. 그리고 여기에는 이 일을 가능하게 한 인물이 있었습니다. 그 인물이 바로 혜능 조사입니다. 동북아시아인 한국·중국·일본의 3국불교 특징은 달마 조사로부터 시작되는 선(禪)에 있고, 이 선을 중국불교인 선불교로 정착시킨 어른이 혜능 조사인 것은 재론의 여지가 없습니다.

그러나 달마 조사가 심종교로 시작하고 혜능 조사가 일으켜 세운 선불교의 선(禪)은 초기불교의 안반선(安般禪)이나 달마 조사 이전 좌선 위주의 선, 그리고 달마 조사의 자교오종이 행한 선이 아니라, 혜능 조사가 『육조단경』이라는 경전을 통해 불교를 중국화한 선(禪)입니다. 그렇다면 중국화된 불교를 왜 선(禪)이라 했는가?

초기 경전에서 나타나는 산스크리트어 '드야나(Dhyāna)'를 한문으로 번역하는 데는 두 가지 방법이 있었습니다. 첫째 한자로 음역할 경우에는 선나(禪那) 또는 단나(檀那)라 했고, 둘째 의역할 때는 사유수(思惟修) 혹은 정려(靜慮)라고 했습니다. 그러나 드야나라는 말이 원래 가지고 있는 의미를 훼손하지 않기 위해서는 음사(音寫) 쪽이 타당하다는 결론이 도출되었기 때문에 의역인 사유수나 정려 대신 선나(禪那) 또는 단나(檀那)에 글자를 줄여서 '선(禪)'이라 했다는 것이 일반적인 설명입니다.

본래 한 물건도 없다[本來無一物]

대승불교는 『반야경』을 앞세우고 '부처님의 근본정신으로 돌아가자'고 외치던 '대승불교 운동'에서 시작되었습니다. 마찬가지로 위에서 살펴본 것처럼, 혜능 조사의 선불교는 달마 조사의 이입사행론이

『금강경』을 만나 『육조단경』을 앞세운 새로운 불교신행 운동에서 시작되었습니다. 그리고 선불교라는 이 불교신행 운동의 서막은 「유통본」『육조단경』에서 설하고 있는 '오조홍인 선사에게 자신의 깨달음의 경지를 나타내 보인 다음과 같은 노 행자의 게송'으로 열리게 되었습니다.

　　　　보리본무수(菩提本無樹)

　　　　명경역비대(明鏡亦非臺)

　　　　본래무일물(本來無一物)

　　　　하처야진애(何處惹塵埃)

　　　　보리에 나무 없고

　　　　거울 또한 받침대가 아니다

　　　　본래 한 물건 없거니

　　　　어느 곳에 티끌 먼지 일어나랴.

물론 이 게송은 신수(神秀) 스님 게송의 대구(對句)에서 나온 것이기 때문에 먼저 신수 스님의 게송부터 살펴보겠습니다. 오조홍인 선사는 신수 스님에게 "네가 지은 이 게송으로는 아직 너는 본성을 알지 못하였다. 다만 문 밖에 이르렀을 뿐, 문 안에는 들지 못하였다."고 말씀하셨습니다. 왜 문 안에는 들지 못했는가? 신수 스님의 견해는 함이 있는 세계인 유위법(有爲法)에 머물고 있습니다. 거기에는 몸뚱이와 그 몸뚱이를 만들고 있다고 상정하는 마음이 따로 존재하고 있습니다. 본체와 현상이 둘로 나누어져 있습니다. 이러한 생각은 본성을 보지 못한 상태의 견해입니다.

그러나 아직 스님이 아닌 행자의 신분인 노 행자는 유위의 세계를 벗어나 함이 없는 무위(無爲)의 세계에 노닐고 있는 것입니다. 본래 한 물건도 없는[本來無一物] 세계에 노닐고 있습니다. 혜능 조사가 이러한 세계에 들어간 것은 나무꾼으로 있을 때, "마땅히 머문 바 없이 그 마음을 낼지니라[應無所住 而生其心]."는 『금강경』 구절을 한 번 듣고 곧 마음이 밝아진 그 순간입니다.

본래무일물(本來無一物)이란 말은 반야공관(般若空觀) 사상을 나타내는 대표적인 말입니다. 『금강경』에 있는 "지나간 마음도 얻을 수 없으며 현재의 마음도 얻을 수 없으며 미래의 마음도 얻을 수 없다[過去心 不可得 現在心 不可得 未來心 不可得]."라는 부처님 말씀이 이 소식을 잘 말해 주고 있습니다.

불성은 항상 청정하다[佛性常淸淨]

앞에서 혜능 조사의 생애와 오도(悟道)에 관하여 설명할 때, 판본을 「덕이본」으로 한다는 말씀을 드렸습니다. 그런데 20세기 초반에 중국 돈황의 동굴에서 「돈황본」으로 이름 붙여진 「남종돈교최상대승

마하반야바라밀경 육조혜능대사어소주대범사시법단경(南宗頓教最
上大乘摩訶般若波羅蜜經 六祖慧能大師於韶州大梵寺施法壇經)」이라는 「단
경」이 발견되었습니다. 이 『돈황본 단경』은 편집 연도가 서기 780년
으로 지금까지 유통되었던 여타의 『단경』과 대조하여 볼 때, 첨삭(添
削)이 없는 비교적 원형(原形)의 판본임이 밝혀졌습니다.

그리고 이 원형을 유지하고 있는 「돈황본」『법보단경』에는 노
행자가 오조 선사에게 대필(代筆)로 보여드린 게송이 다음과 같이 두
개로 되어 있습니다.

① 혜능이 게로 이르기를,
　　보리본무수(菩提本無樹)
　　명경역무대(明鏡亦無臺)
　　불성상청정(佛性常清淨)
　　하처유진애(何處有塵埃)

　　보리에 나무 없고
　　거울 또한 거울이 아니다
　　부처의 성품은 항상 청정한 것
　　어느 곳에 티끌 먼지 있겠는가.

② 또 게로 이르기를,

심시보리수(心是菩提樹)

신유명경대(身有明鏡臺)

명경본청정(明鏡本淸淨)

하처염진애(何處染塵埃)

마음은 곧 보리의 나무

몸은 밝은 거울의 받침대

밝은 거울은 본래 청정한 것

어느 곳에 티끌 먼지 물들리오.

이렇게 「돈황본」 이후의 『혜흔본 단경』과 『조당집』 등 모든 사서들은 "불성상청정(佛性常淸淨)"을 "본래무일물(本來無一物)"로 바꾼 제1 게송만을 싣고 있습니다. 여기서 노 행자가 신수(神秀) 스님 게송의 대구(對句)로 쓴 게송에 관하여 혜능을 연구하는 학자들 사이에 뜨거운 논쟁이 벌어졌고, 지금도 논쟁은 계속되고 있습니다. 이 문제가 야기하는 논점은 다음 두 가지로 요약할 수 있을 것 같습니다.

첫째는 각 유통분에는 혜능 조사의 게송이 하나인데 「돈황본」에는 왜 두 개인가 하는 것이고, 둘째는 「돈황본」 "불성상청정(佛性常淸淨)"이라는 게송이 「유통본」에서는 "본래무일물(本來無一物)"로 되어 있다는 점입니다. 물론 최고본(最古本)이라 할 수 있는 「돈황본」이 원형이고, 유통분은 각 판본에 따라서 첨삭이 있었다고 짐작하는 것으로 넘길 수 있겠지만, 두 번째인 "불성상청정(佛性常淸淨)"이 "본래무일물(本來無一物)"로 치환(置換)되어 있는 것은 교리적으로 생각할 충분한 문제가 있다고 여겨집니다. 여기서 다시 몇 가지 문제가 도출됩니다.

첫째는 불성상청정(佛性常淸淨)과 개작된 본래무일물(本來無一物)을 같은 의미로 봐야 하느냐 아니면 서로 다른 의미를 갖느냐의 문제입니다. 둘째는 본래무일물(本來無一物)의 경우 『반야경』에서 주장하는 공사상(空思想)으로 봐야 하는데, 과연 혜능 조사의 불성사상(佛性思想)이 반야학에 기초를 두고 있느냐, 아니면 『열반경』에 나타나는 불성론에 기울어 있느냐, 또는 두 경전에서 보이는 불성사상을 혜능의 불성론으로 통일시킨 독자적인 사상이냐 하는 것입니다.

여기서 이 글을 읽는 독자께서는 "혜담 스님 당신은 어떻게 생각하느냐?"고 하실 것입니다. 소납의 생각은 불성상청정(佛性常淸淨)과 본래무일물(本來無一物)은 전혀 모순되지 않는 똑 같은 의미의 말의 두 가지 표현방법이라는 것입니다.

제 2 장

───────

『법보단경』과 선불교(禪佛敎)

1
혜능 조사의 불성사상

혜능 조사 오도송의 의미

혜능 조사가 본성을 깨닫고 오조홍인 선사에게 말씀드린 "하기자성 본자청정(何期自性本自淸淨) 하기자성본불생멸(何期自性本不生滅) 하기자성본자구족(何期自性本自具足) 하기자성본무동요(何期自性本無動搖) 하기자성능생만법(何期自性能生萬法)"이라는 게송은 혜능 조사의 오도송(悟道頌)입니다.

그런데 이 오도송(悟道頌)이 「덕이본」을 비롯한 「유통본」에는 실려 있지만, 「돈황본」에는 보이지 않습니다. 따라서 「돈황본」이 최고본이기 때문에, 이 게송을 후대의 가필(加筆)로 보는 것이 타당하다고 여겨집니다. 그러나 이 오도송이 「돈황본」이 발견되기 전 수 백년 간 동아시아 3국의 불교권 특히 선문(禪門)에서는 혜능 조사의 불성사상을 연구하는 데 있어서 대단히 중요한 위치를 차지하고 있었기 때문에 언급하는 것이 좋다고 여겨서 살펴보도록 하겠습니다.

대승불교에 있어서 불성사상의 전거(典據)는 『열반경』의 "일체

중생 실유불성(一切衆生 悉有佛性)” 즉 모든 중생은 전부 부처의 성품인 불성(佛性)을 가지고 있다는 경문과 『화엄경』의 “일체중생 실개구유 여래지혜덕상 단위망상집착 이불증득(一切衆生 悉皆具有 如來智慧德相 但爲妄想執着 而不證得)”, 즉 일체의 중생들이 모두 함께 여래의 지혜와 덕상을 겸비하고 있건만 단지 망상과 집착 때문에 증득하지 못한다는 경문입니다.

그런데 모든 중생이 다 가지고 있는 부처의 성품은, 일체중생들이 전부 갖추고 있다는 여래의 지혜와 덕상은 어떤 모습, 어떤 능력을 가지고 있을까요? 물론 『반야심경』에서는 부처의 성품인 불성을 공(空)이라고 바꾸어 부르면서 그 모습을 “나지도 않고 없어지지도 않으며, 더럽지도 않고 깨끗하지도 않으며, 늘지도 않고 줄지도 않는다[不生不滅 不垢不淨 不增不減].”라고 설하고 있습니다. 그렇지만 『반야심경』의 이 설명 역시 자세한 해설을 듣지 않으면 그 의미를 정확하게 알 수 없습니다.

그러나 혜능 조사는 견성(見性), 즉 불성인 본성을 보고는 그 자리에서 불성의 모습과 능력을 다섯 구절로 읊었습니다. 중국불교 선종사(禪宗史)에 처음 있는 일이라고 생각합니다. 그럼 한 구절씩 살펴보겠습니다.

‘하기자성본자청정(何期自性本自淸淨)’이란 글자대로 번역하자면 “어찌 나의 본 성품이 본래 스스로 청정함을 알았겠는가!” 하는 감동의 모습입니다. 이 게송은 인간의 본성인 불성이 지니고 있는 청정성(淸淨性)을 말하고 있습니다. 여기서 말하는 불성의 청정은 절대청정입니다. 우리들은 일반적으로 사물을 대할 때, 상대적인 입장에 서서 그것을 파악하고 거기에 가치를 부여합니다. 그리고 이러한 상대적인 가치판단에 의해서 거기에 맞는 행동을 하게 됩니다.

그러나 인간을 비롯한 존재물의 본성이 청정하다는 것은 이러한 상대적인 입장에서는 깨끗함이 아닙니다. 이것은 영원한 청정자리이므로 다시 깨끗해질 수 있는 어떤 것이 아닙니다. 때문에 그 자리는 때가 끼면 더러워지고 닦으면 다시 깨끗해지는 그런 상대적인 청정이 아닙니다. 이것은 마치 허공처럼 생겼습니다. 허공을 인간의 노력으로 더럽힐 수 없는 것처럼, 우리들의 본성은 본래 청정하고 영원히 청정한 것입니다.

'하기자성본불생멸(何期自性本不生滅)'은 번역하자면, "어찌 나의 본 성품이 본래 생멸하지 않는 것임을 알았겠습니까!" 하는 말입니다. 이것은 불성의 영원성을 말하는 구절입니다. 무릇 세상만사는 시작이 있으면 끝이 있고, 생(生)이 있으면 멸(滅)이 있게 마련입니다. 이 말을 달리 표현하면 멸(滅)이 있다는 것은 생(生)이 있기 때문이라고 할 수 있습니다. 따라서 만약 생(生)이 없다면 멸(滅) 또한 있을 수가 없는 것입니다. 그렇다면 과연 사물은 생기는 것인가?

사물은 인연에 의해서 생기고, 인연에 의해서 멸(滅)하기 때문에 생겼다고 말해도 거기에 고정적인 것은 없고, 멸(滅)했다고 해도 허무단멸(虛無斷滅)은 아니며, 모양을 바꾸어서 다음의 존재로 연결해

갑니다. 때문에 완전한 멸(滅)은 없는 것입니다. 따라서 생(生)이란 본래 없는 것입니다. 본래 태어남이 없기 때문에 죽음이 있을 수 없는 것입니다.

'하기자성본자구족(何期自性本自具足)'은 번역하면, "어찌 나의 본 성품이 본래 스스로 구족함을 알았겠는가!"라는 말입니다. 이 구절은 우리들의 불성인 본성이 지니고 있는 원만구족성(圓滿具足性)을 말하는 게송입니다. 사람들은 살아가면서 물질적으로 재산의 많고 적음을 구별하고, 그것에 관하여 증가했다든가 줄었다든가 말하며 기뻐하기도 하고 슬퍼하기도 합니다. 또한 정신적으로 복덕이 많다거나 적다고 할 때도 마찬가지 상황이 일어납니다.

거기에는 언제나 어떤 기준을 나름대로 설정해 두고 많고 적음을 판단하여 부러워하기도 하고 안타까워 하기도 합니다. 그러나 그 많고 적음은 언제나 상대적입니다. 거기에는 그 사람만의 기준이 있을 뿐 절대적인 기준은 있을 수 없습니다. 모든 인산을 포함하여 중생의 본성은 공(空)이고, 공(空)은 완성이고 스스로 모든 것을 다 갖추고 있는 것입니다. 우리들이 생각할 수 있는 일체 모든 것을 전부 내포하고 있고, 이것을 내어 쓸 수가 있는 것입니다.

'하기자성본무동요(何期自性本無動搖)'는 "어찌 나의 본 성품이 본래 동요가 없음을 알았을까!"로 번역할 수 있습니다. 우리들의 본성은 생각에 따라서 움직이는 것이 아니라는 말입니다. 본성은 마치 바닷물과 같아서 바람이 불어 파도가 일어나더라도 바다 밑은 고요하듯이, 인간이 희로애락(喜怒哀樂)의 감정으로 파도치더라도 본성은 고요합니다.

　마지막으로 '하기자성능생만법(何期自性能生萬法)'은 번역하면 "어찌 나의 본 성품이 능히 만법을 냄을 알았겠습니까!"로 됩니다. 우리들의 본성인 불성은 마치 화수분처럼 자신이 필요로 하는 모든 것을 만들어냅니다. 『화엄경』의 마음이 모든 것을 만든다[一切唯心造]는 법문은 바로 이 말입니다. 일체유심조(一切唯心造)를 어떤 사람은 '모든 것은 마음먹기 나름이다'로 이해하기도 합니다만, 그것이 아닙니다. 물질적인 현상도 정신적인 현상도 모두 마음의 현현(顯現)이라는 것입니다. 정신적이든 물질적이든 그것을 이루고자 하면 먼저 마음에서 이루어져야 현상세계에 나타나는 것을 혜능 조사는 이렇게 노래하고 있는 것입니다.

견성성불(見性成佛)

달마 조사의 심종교는 혜능 조사가 주창하는 견성(見性)을 위한 선불교로 방향의 전환을 하게 됩니다. 이 혜능 조사의 선불교는 후대로 내려오면서 조사선(祖師禪)으로 정착이 되는데, 이 선법의 요지는 "문자를 비롯한 교 밖에 따로 전하고[敎外別傳] 문자를 세우지 않고[不立文字] 사람의 마음을 바로 가리켜[直指人心] 성품을 보아 부처를 이룬다[見性成佛]."는 것입니다.

그런데 여기서 문제가 되는 것이 마지막 구절인 견성성불(見性成佛)이라는 말의 해석입니다. 성품을 보고[見性] 그 뒤에 부처를 이루는가[成佛], 아니면 견성이 바로 성불인가 하는 논쟁입니다. 소납은 이 문제를 안고 많은 시간을 보냈습니다. 때문에 여러 스님들에게 질문도 했습니다. 서울법대를 졸업하고 출가하여 평생을 수좌로 살았던 B 스님은 "그것은 한문의 말장난에 불과하다."고 가볍게 넘겼고, 이름난 강주스님으로 본사 주지까지 역임한 후 20년 가까이 수좌로 정진했던 K 스님은 "견성성불이 아니라 현성성불(顯性成佛)이 맞는 것 같다."고 대답해 주었습니다.

그 후 성철 큰스님이 번역한 「돈황본」『육조단경』을 보게 되었습니다. 이 책에서 성철 큰스님은 "오직 단경의 근본으로 돌아와 육조의 가르침을 올바로 이어야 한다. 특히 각 본 가운데서 '마음을 알아 성품을 보면 곧 부처라 한다[識心見性 卽名爲佛], 만약 자성을 알면 곧 부처님 시위에 이른다[若識自性 卽至佛地]'와 같은 법문은 육조의 가르침을 바로 잇고 드날리는 데 한층 도움이 되는 것이다."라고 적고 계셨습니다.

또한 「유통본」『육조단경』에서 "노 행자가 오조홍인 선사로부터 『금강경』 강설을 듣던 중 경의 '응무소주 이생기심(應無所住 而生其心)'에서 본성(本性)을 깨쳤음을 아신 오조께서는 노 행자를 '장부(丈夫)·천인사(天人師)·불(佛)'이라 하시면서 돈교(頓敎)의 의발(衣鉢)을 전하여 6대조로 삼았다."라는 대목이 다시 보였습니다. 오조홍인 선

사는 견성한 노 행자를 부처님의 열 가지 명호인 '천인사'나 '부처님'
으로 부르고 있었습니다.

저는 「유통본」『육조단경』의 이 부분과 「돈황본」『육조단경』을
근거로 성철 큰스님이 주장하시는 설을 따르기로 했습니다. 그런데
여기 또 하나의 문제가 제기되었습니다. 참선 수행 중 어느 경지까지
를 '마음을 알아 성품을 보았다'고 할 수 있을까 하는 것이었습니다.
여기서 인가(印可)를 받는 것이 필요함을 깨닫게 되었습니다. 그러나
지금 우리 불교교단에는 인가를 주고, 인가를 받는 달마 조사나 혜능
조사 때의 사수(師授)나 면수(面授) 같은 법거량은 없어진 듯합니다.

여기서 새삼 보게 된 것이 「돈황본」『육조단경』에서 설하고 있
는 행불사상(行佛思想)입니다. 「유통본」에서는 보이지 않지만 「돈황
본」에는 "부처님 행이 곧 부처님이다[卽佛行是佛]."라는 혜능 조사의
말씀이었습니다. 또한 "자신의 힘으로 깨닫지 못하는 사람은 반드시
선지식(善知識)의 교시와 지도를 받아서 견성토록 해야 한다. 만약 스
스로 깨달을 수가 있는 사람은 밖으로(따로) 선지식의 힘을 빌릴 필요
는 없다."는 대목이었습니다.

소납은 마침내 지금까지 해결하지 못해 헤매고 있었던 견성성
불의 의미에 대해서 정리가 되었습니다. 첫째는 견성이 곧 성불이라
는 것입니다. 달마교단에서는 제자들이 달마 조사를 살아있는 부처
[生佛]라고 불렀고, 혜능 조사의 제자들은 혜능 조사의 법문을 편집하
여 부처님 말씀처럼 경(經)이라는 이름을 붙였습니다. 두 경우는 똑

같이 견성을 성불로 인정했다는 증거라고 생각합니다. 우리나라에서 탄생한 스님들의 경우도 마찬가지입니다. 원효성사(元曉聖師)나 의상대사(義相大師), 서산대사(西山大師)가 부처의 경지까지 간 부처님이라고 생각합니다.

둘째는 성철 큰스님이 말씀하신 '마음을 알아 성품을 보면[識心見性]'이라는 문제입니다. 앞에서 지적한 것처럼, 식심견성(識心見性)의 증득을 확인해 주고 확인받는 법거량이 와해된 상태에서는 혜능 조사의 말씀처럼 스스로 깨달아야 한다는 것입니다. 어떻게 스스로 깨닫고 스스로 확인하는가? 이 어려운 문제를 해결하는 법이 조사어록(祖師語錄)에 담겨져 있습니다. 화두를 간(看)하다가 어떤 경지를 보면 조사어록과 비교하여 자신의 깨달음이 바른 깨달음인지 잘못된 상사각(相似覺)인지를 판가름할 수 있습니다.

셋째는 부처로서의 행동[行佛]입니다. 만약 자신의 깨달음이 조사어록에 견주어볼 때, 바른 깨달음이 확실하다면 부처로서의 행동을 하면 바로 부처님입니다. 왜냐하면 부처님이 계율을 지키지 않고, 허랑방탕한 생활을 하고, 재색식명수(財色食名睡)라는 오욕(五欲)에 빠져서 살아가는 일은 없을 것이기 때문입니다.

마하반야바라밀 염송(念誦)

돈교(頓敎)의 의발(衣鉢)을 받고 6조가 된 혜능 조사는 그날 밤중에 홍인 선사에게 하직인사를 하고 동선사(東禪寺)에서 나와 그날부터 16년 동안 보림(保任)의 시간을 보낸 뒤, 광주(廣州) 법성사(法性寺) 인종(印宗) 법사에게 머리를 깎고 정식 스님이 되었습니다. 때는 서기 676년 혜능 조사의 나이 39세 때였습니다.

다음 해인 677년 혜능 조사는 소주(韶州) 대범사(大梵寺)에서 법좌에 올라 다음과 같이 법을 설하십니다.

> "선지식들아, 모두들 마음을 깨끗이 하여 마하반야
> 바라밀(摩訶般若波羅蜜)을 염송(念誦)하라." 하시고
> 양구(良久)하시더니, "선지식들아, 보리자성이 본래
> 청정하니 다만 이 마음을 쓰라. 곧 성불해 마치리
> 라[菩提自性 本來淸淨 但用此心 直了成佛]."

이렇게 시작하는 이 법문은 혜능 스님이 조사가 된 후, 공식적으로 말씀하신 제1성입니다. 또한 내용적으로도 만고에 빛나는 대사자후라 할 수 있습니다.(그러나「돈황본」에는 이 부분이 없습니다.)

여기서 저는 혜능 스님이 조사가 된 후, 공식적으로 말씀하신 제1성이 법당에 모인 사부대중에게 "마음을 깨끗이 하여 마하반야바라밀을 염송하라."고 한 말에 주목하고 싶습니다. 왜냐하면『전등록』을 살펴보면 사원의 불교대학인 강원에서 경전을 가르치는 강주스님들 중에는 본격적인 경전공부에 앞서 마하반야바라밀을 7번 내지

21번 염송했다는 기록은 있지만, 혜능 조사 이전의 선사들이 법을 설하기 전에 마하반야바라밀을 합송했다는 기록은 찾아볼 수 없기 때문입니다.

여기서 저는 혜능 조사가 비록 『금강경』을 소의경전처럼 여기는 동산법문에서 깨달음을 얻었지만, 달마 조사의 벽관수행을 실천하는 심종교를 잘 계승하고 있다는 생각을 지울 수 없습니다. 앞에서 달마 조사의 전기(傳記)에 관하여 언급할 때 살펴본 것처럼, 달마 조사는 "깨달음에 이르는 방법은 많지만 간략히 말하면 이입(理入; 본래로 돌아가는 원리)과 행입(行入; 본래로 돌아가기 위한 실천)이다. 이입(理入)이란 경전을 통해서 불법대의(佛法大意)를 앎[藉敎悟宗]을 말하는 것으로 다음과 같다. 곧 마음이 있는 사람은 범부나 성인 모두 한결같은 진심을 갖고 있지만 단지 외부에서 오는 망상에 뒤덮여 그 진성을 드러내지 못할 뿐이라고 깊이 믿는 것이다."라고 말하고 있습니다.

달마 조사가 『능가경』이라는 경전을 통해서 '사람이 가지고 있는 한결같은 진심[凡聖同一眞性]'이라는 불법의 대의로 자성청정심(自性淸淨心)을 벽관의 대상으로 삼은 것처럼, 혜능 조사는 마하반야바라밀을 벽관의 대상으로 하고 사부대중에게도 이것을 마음챙김하라고 권하고 계십니다. 그렇다면 마하반야바라밀(摩訶般若波羅蜜)이란 무엇일까요?

(1) 불모사상(佛母思想)

『대품반야경』에는 마하반야바라밀에 관하여 이렇게 설하고 있습
니다.

"반야바라밀은 모든 부처님의 어머니이다. 반야바
라밀은 능히 세간의 모습을 보여준다. 이러한 까닭
에 부처님은 이 법에 의지하여 행하고, 이 법을 공
양·공경·존중·찬탄하신다. 무엇을 이 법이라고 하
는가? 곧 반야바라밀이다. 모든 부처님은 반야바
라밀에 의지하여 머물고, 이 반야바라밀을 공양·
공경·존중·찬탄하신다. 왜냐하면 이 반야바라밀
은 모든 부처님을 출생시키기 때문이다."

(「문상품 제49」)

우리들이 불교를 믿는다고 할 때, 신앙의 대상으로서는 석가모니 부
처님을 비롯한 과거·현재·미래의 모든 부처님과 여러 보살마하살이
먼저 숭배의 대상이 되고 있다고 할 수 있습니다. 그런데 『대품반야
경』에서는 이러한 일반적인 관념을 초월한 신앙사상이 나타나 있습
니다.

이것이 반야바라밀에 관해서는 빠뜨릴 수 없는 불모사상(佛母思
想)입니다. 우리가 잘 아는 것처럼, 반야바라밀이라는 어휘는 자의(字

義)만을 생각할 때는 해석이 가능한 하나의 단어에 불과합니다. 그러나 『반야경』은 이 반야바라밀이라는 어휘에 숭배 대상으로서의 의미를 부여해서 반야바라밀을 완전히 인격화(人格化)하고 있습니다.

(2) 마하반야바라밀은 인도자(引導者)다

반야바라밀은 교리상 육바라밀의 한 덕목이지만, 『반야경』에서는 반야바라밀을 육바라밀의 한 덕목인 지혜바라밀과는 그 차원을 달리하여, 반야바라밀이 육바라밀을 포섭하는 것으로 설하고 있습니다. 즉 반야부(般若部)의 모든 경전은 반야바라밀로 하여금 다른 다섯 가지 바라밀[五波羅蜜]을 인도하는 안내자·인도자로 간주하여 『대품반야경』에서는 다음과 같이 설하고 있습니다.

> "교시가여, 보살마하살의 반야바라밀이 보시바라밀·지계바라밀·인욕바라밀·정진바라밀·선정바라밀보다 수승한 것은, 비유컨대 태어나면서 눈이 먼 사람은 가령 백 명, 천 명, 백천 명이 있다고 해도, 앞에서 인도하는 사람이 없으면 능히 길을 나서서 성(城)에 들어갈 수 없는 것과 같습니다.
> 교시가여, 다섯 가지 바라밀도 이와 같아서 반야바라밀을 여의면, 맹인이 안내 없이 길을 나설 수 없는 것처럼 일체지(一切智)를 얻을 수 없는 것입니다.

교시가여, 만약 다섯 가지 바라밀이 반야바라밀이
라는 인도자를 얻으면, 이때 다섯 가지 바라밀을
이름하여 눈이 있다[有眼]라고 합니다. 반야바라밀
이라는 인도자가 바라밀(波羅蜜)의 이름을 얻게 하
는 것입니다.”

(「조명품 제40」)

반야바라밀이 없으면 다른 모든 바라밀은 어느 곳으로 자기가 향하
여 나아가는 것인지, 혹은 무엇 때문에 자신이 존재하는지를 모릅니
다. 따라서 다섯 가지 바라밀은 반야바라밀의 인도가 없으면, 마치
황야에 있는 눈먼 사람의 무리와 같아서 길을 잃고 실제로 가고자 하
는 장소에 들어갈 수가 없습니다. 왜냐하면 그들에게는 눈이 없기 때
문입니다. 눈이 없기 때문에 일체지(一切智)를 인식할 수도 없고, 눈
이라는 인도자가 없는 까닭에 그들의 온갖 노력도 무위로 되고 맙니
다. 다시 말하면 다섯 가지 바라밀인 보시·지계·인욕·정진·선정이
바라밀(波羅蜜)이라는 이름을 가질 수 있는 것은 그들의 눈인 반야바
라밀이 있기 때문입니다.

(3) 마하반야바라밀이 부처님

우리들이 마하반야바라밀을 염송하고 혜능 조사가 사부대중을 향하
여 마하반야바라밀을 합송하자고 하는 데는 분명히 어떤 목적이 있

208

을 것입니다. 그것이 현세 이익이든 혹은 성불이든 간에 어떤 바라는 것이 있을 것입니다. 그 원(願) 가운데 가장 큰 것이 성불의 원(願)일 것입니다. 그런데『대품반야경』에는 마하반야바라밀과 부처님의 관계를 다음과 같이 설시하고 있습니다.

> "마땅히 다음과 같이 알아야 한다. 반야바라밀이 바로 부처님이다. 반야바라밀은 부처님과 다르지 않고 부처님은 반야바라밀과 다르지 않다."
>
> (「법칭품 제37」)

> "세존을 공양하듯이 해야 한다. 반야바라밀 예배하기를 마땅히 세존을 예배하듯이 해야 한다. 왜냐하면 세존은 반야바라밀과 다르지 않고 반야바라밀은 세존과 다르지 않으며, 세존이 바로 반야바라밀이고 반야바라밀이 바로 세존이기 때문이다."
>
> (「조명품 제40」)

마하반야바라밀이 그대로 부처님이고 세존이며, 부처님이 바로 마하반야바라밀이라는, 여기에서 마하반야바라밀은 비로소『반야경』에서 설하는 최초의 일보를 내딛게 됩니다. 왜냐하면 부처라는 정각(正覺)이 있을 때만이 마하반야바라밀은 그 본래의 청정성에 있어서 움직일 수 있기 때문입니다. 마하반야바라밀이 그 자체 이외에 무엇인가 목적을 갖는 것이라고 생각하는 한, 마하반야바라밀은 또한 마하반야바라밀이 아니기 때문이고, 순수한 상태에 있는 것이 아니기 때문입니다. 마하반야바라밀이 부처라는 것에 의해서 비로소 본래의 목적에 돌아가는 것이 되는 것입니다.

(4) 마하반야바라밀은 대명주(大明呪)

인간의 삶에는 우리를 어둡게 하고 불행하게 만드는 미혹의 구름이 드리워져 있습니다. 그렇다면 이 미혹의 범부 몸에서 어떻게 벗어날 수 있을까요? 이런 문제를 앞에 두고 『대품반야경』에는 다음과 같이 설하고 있습니다.

> "교시가여, 반야바라밀은 크게 밝은 주문[大明呪]이
> 고, 위없이 밝은 주문[無上明呪]이며, 비교할 수 없
> 이 밝은 주문[無等等明呪]이다. 교시가여, 왜냐하면
> 과거의 모든 부처님은 이 밝은 주문에 의해서 아뇩
> 다라삼먁삼보리를 얻었고, 미래의 모든 부처님과
> 지금 현재 시방의 모든 부처님도 이 밝은 주문에
> 의해서 아뇩다라삼먁삼보리를 얻기 때문이다."

「권지품 제34」

저는 우리 한 사람 한 사람이 미혹의 어둠을 걷어내고 행복해지는 것
이 우리들의 사명이고 의무라고 생각합니다. 그럼 행복해진다는 것
이 무엇일까요? 그것은 자기가 성장하는 것입니다. 자기가 굳세어지
고 지혜로워지고 보다 밝아지고 용기가 생기고 진리로서 더욱 성장
하는 것입니다. 행복해지는 그 사명은 생각과 현상 저 너머에 있는
대명주(大明呪)인 마하반야바라밀을 보는 곳에 있는 것입니다.

(5) 마하반야바라밀은 창조의 근원

『대품반야경』에서는 또한 마하반야바라밀이 일체를 성취시키는 근
원이며 크고 진귀한 보배[大珍寶]라고 하면서 다음과 같이 설시하고
있습니다.

> "반야바라밀 가운데에서 보살의 가문을 완성하고
> 육체를 완성하며, 생명의 양식인 붙질을 만속히 하
> 고 권속을 만족히 하며, 큰 인자함과 크게 가엾이
> 여김[大慈大悲]을 성취함도 전부 반야바라밀 가운
> 데에서 생기기 때문이다. 왕족이니 귀족·바리문·
> 대 부호도 전부 반야바라밀 가운데에서 생기기 때
> 문이다."

(「대명품 제32」)

"수보리야, 반야바라밀은 이것이 크고 진귀한 보배
이다. 어찌하여 이것을 크고 진귀한 보배라고 하는
가? 이 반야바라밀은 능히 지옥·축생·아귀 및 빈
궁한 사람을 없애고, 능히 왕족이나 귀족·바라문·
대 부호가 생존하도록 하기 때문이다."

(「무작품 제43」)

『반야경』은 인간이 추구하는 복덕의 근원이 마하반야바라밀임을 분
명히 밝히고 있습니다. 즉 대자대비의 성취 나아가 신분의 성취, 육
체와 권속과 물질의 성취도 그 근원이 마하반야바라밀을 분명히 설
하고 있습니다. 일체를 만드는 창조주(創造主)가 마하반야바라밀이
라는 것입니다. 왜 그러한가? 존재하는 것은 오직 마하반야바라밀
뿐이기 때문입니다. 우리가 현상적으로 생각하는 물질이나 육체 나
아가 필경 마음까지도 공화(空華)와 같은, 아지랑이 같은 것이고, 실
답게 존재하는 것은 마하반야바라밀 뿐이기 때문입니다.

제 3 장

『법보단경』 「반야품」

1
모든 사람이 본래 가지고 있는 반야지(般若智)

『법보단경』의 핵심인 「반야품」

지금까지 설명한 혜능 조사의 법문은 조사가 된 후, 공식적으로 말씀하신 제1성이라고 말씀드렸습니다. 그렇다면 공식적이 아닌 첫 법문이 있을 것입니다. 바로 광주 법성사 인종 법사에게 머리를 깎고 정식 스님이 되어 그곳에서 하신 법문이 첫 법문이 됩니다. 이 법문의 내용을 과거부터 『법보단경』「반야품」이라고 했습니다. 소납도 역시 「반야품」이라는 이름아래 「덕이본」 송천사판에 의거하여 간략하게 살펴보겠습니다. 단 한글로 번역하여 고찰하는 것을 원칙으로 하고, 필요에 따라서 원문을 참고하도록 하겠습니다.

혜능 조사께서는 먼저 사부대중에게 법을 얻고 난 후 겪었던 고난들을 회상한 후, 이렇게 법을 설하십니다.

해석

선지식들아, 보리반야의 지혜는 세상 사람이 다 본래부터 스스로 가

216

지고 있는 것인데, 다만 마음이 미혹하여 스스로 깨닫지 못할 따름이다. 모름지기 큰 선지식의 가르침과 인도함을 빌어서 견성하여야 한다. 마땅히 알라. 어리석은 자와 지혜 있는 사람이 불성에는 본래로 차별이 없는 것이요, 다만 미혹함과 깨친 것이 다를 뿐이다. 이 까닭에 어리석음도 있고 슬기로움도 있는 것이다. 내 이제 마하반야바라밀법을 설하여 너희들로 하여금 각기 지혜를 얻게 하리니, 지극한 마음으로 자세히 들어라. 너희들을 위하여 설하리라.

강설
(1) 선지식(善知識)

혜능 조사는 법문을 듣는 대중을 향하여 요즈음 사람들처럼, '여러분'이라는 말을 쓰지 않고 항상 '선지식(善知識)'이라는 용어로써 불렀습니다. 선지식이란 '선우(善友)' 혹은 '친우(親友)'라고도 하며, 좋은 벗 혹은 훌륭한 친구로 번역되는 말입니다. 그러나 좋은 벗이라고 해도 일상생활 가운데서 바른 도리를 일러주는 사람이 아니라, 불법의 바른 도리를 가르쳐 주는 벗을 선지식이라고 합니다.

『원각경(圓覺經)』에서는 선지식의 자격 요건으로서 바른 지견[正知見]을 제일(第一)로 들고 있는데, 그 이유는 불법의 바른 안목으로 벗을 반야의 길로 인도하는 사람만이 선지식이기 때문입니다. 원휘(圓暉)의 『구사론송소(俱舍論頌疏)』「제29」에는 법을 주는 자를 상친우(上親友), 재물과 법을 주는 자를 중친우(中親友), 재물만 주는 자를 하친우(下親友)라고 구분하여 부르고 있습니다.

(2) 보리반야(菩提般若)의 지혜

보리반야란 산스크리트어 '보디(bodhi)'와 '프라즈냐(prajñā)'가 합쳐진 음역어(音譯語)입니다. 여기서 보리는 '깨달음' 혹은 '정각(正覺)'의 의미를 가지고 있고, 반야는 '최고의 지혜' 혹은 '깨달음의 지혜'로 번역할 수 있습니다. 그렇지만 불교에서는 반야를 부처님의 깨달음의 지혜를 나타내는 말로 사용되었고, 특히 대승불교에 이르러서는 대승불교 특유의 내용이 좀 더 가미되어져 불교사상 전체를 종합하는 기본 개념을 나타내는 어휘로 취급하였습니다.

그러나 옛날부터 지혜라는 말은 광범위하게 사용되었고, 지금도 사람들은 일상생활에서 지혜롭다는 말을 즐겨 사용합니다. 이렇게 일상적으로 사용되는 지혜라는 말과 반야가 의미하는 지혜를 구별하기 위해서 불교에서는 반야가 의미하는 지혜를 '반야지(般若智)'라고 부릅니다.

왜 이렇게 부르는가 하면 반야지(般若智)란 있는 그대로[如實] 사물을 안다[知]는 것이기 때문입니다. 때문에 이것을 '본다[見]'라고도 합니다. 여기에서 '안다'는 말과 '본다'는 말의 차이를 발견하게 됩니다. 즉 '안다'라고 하는 마음의 작용에는 주관(主觀)의 행위가 들어오기 쉽고, 어떤 행위가 들어오면 이해가 비틀어지게 되어서 올바른 이해가 되지 못하는 수가 있습니다. 이것에 반해서 '본다'라고 하는 것은 거울에 사물이 비친 것처럼, 행위가 들어올 여지가 없어져서 사물을 있는 그대로 아는 점이 강합니다. 때문에 반야지를 '여실지견(如實知見)'이라고도 합니다.

여실지견(如實知見)인 반야란 한 마디로 말해서 사물의 참 도리를 사무쳐 보는 깊은 지혜이고, 심원한 지혜입니다. 그러나 혜능 조사께서 직접 말씀하고 있는 것처럼, 우리 모두는 깨달음의 지혜인 보리반야를 태어나면서부터 갖추고 있습니다. 이런 의미에서 보면 오히려 우리의 본성이 보리반야라고 해도 좋을 것입니다.

(3) 견성(見性)

우리들은 자신의 마음이 하나라고 생각하면서 살고 있습니다. 그러나 『능엄경』에는 인간의 마음에는 두 가지 있다고 하면서 다음과 같이 설시하고 있습니다.

> "원래 범부들이 시작 모를 옛적부터 미혹을 거듭하고 있는 것은 두 가지 근본을 모르기 때문이다. 하나는 생사의 근본인 미혹된 마음을 자기 본성으로 잘못 알고 있는 것이고, 둘째는 깨달음의 본성인 청정본심이 자기에게 갖추어 있는 것을 모르기 때문이다."

부처님께서는 인간의 삶에 고통이 따르는 것은 우리들의 마음이 원래부터 두 가지인데, 그것을 모르고 미혹된 마음을 자기 본성으로 잘못 알 뿐만 아니라, 깨달음의 본성인 청정본심(淸淨本心)이 자기에게 이미 갖추어 있는 것을 모르기 때문이라고 설하고 계십니다. 가령 팔을 들어 올리면 눈으로 보고 마음이 압니다. 그러나 그것을 아는 마음은 참마음이 아니고 계교(計巧)하는 마음이라는 것입니다.

이렇게 계교하는 마음은 욕심에서 일어나 자기의 편의를 계교하는 마음이고 인연 따라 일어나는 마음으로써 실체가 없는 변천하는 마음이라는 것입니다. 이 마음을 참마음이라고 아는 데서 미혹이 일어나고, 그 미혹으로 말미암아 고통이 온다는 것입니다. 때문에 삶을 행복으로 만들기 위해서는 자기에게 본래부터 갖추어 있는 청정본심을 찾아서 그 본성(本性)을 내어써야 한다는 것입니다.

그런데 문제는 우리들이 태어나서 살아가면서 단 한 번도 그러한 사실에 관하여 듣지 못하고 있다는 사실입니다. 자자손손 내려오면서 이러한 사실을 자식들에게 가르쳐 주지 않았다는 것입니다. 티베트에서는 언어 자체에 마음을 가리키는 말에 두 가지가 있다고 합니다. '셰랍'이라는 계교하여 분별하는 보통마음과 '예쉐'라는 궁극적인 지혜인 본마음입니다. 이 때문에 티베트인들은 출생과 더불어 '예쉐'를 깨닫기 위해서 수행한다고 합니다.

견성, 즉 성품을 본다는 것은 분별 이전의 마음인 '예쉐'를 본다는 말입니다. 달마 조사가 중국에 와서 하신 일은 이 견성법(見性法)

을 일깨워 주는 것이었지 불교학을 가르친 일은 없었습니다. 이 때문에 저는 달마교단의 수행을 심종교라고 명명한 것입니다. 혜능 조사가 최초의 법석(法席)에서 견성이란 말을 듣고 나온 것은 자신이 달마 조사의 법을 계승하고 있다는 사실을 은연중에 나타내 보인 것입니다.

(4) 불성에는 본래로 차별이 없다[佛性本無差別]

혜능 조사가 말한 일체중생들이 가지고 있는 청정본성을 불교에서는 불성(佛性)이라고 부릅니다. 이 불성은 남녀노소, 빈부귀천(貧富貴賤), 유정무정(有情無情)에 차이가 없습니다. 지혜가 있고 없음에도 차이가 없고, 부처님과 범부중생에 있어서도 차별이 없습니다. 그런데도 인간인 우리는 그 사실을 모르고 보지 못합니다. 원인이 무엇일까요?

『원각경』에는 "과거 모든 부처님이 청정한 깨달음의 모양을 누렷이 원만하게 비춰 봐서[皆悟圓照淸淨覺相], 무명을 길이길이 끊고 바야흐로 불도를 이루었느니라[永斷無明方成佛道]."는 게송이 있습니다. 청정한 깨달음의 모양, 만인은 본래 깨달음 자체를 쓰고 사는 사람들인데 스스로 그것을 자각하지 못할 따름입니다.

일체중생은 청정한 깨달음의 모양으로 살고, 호흡하고, 일체사를 이루고 있습니다. 이 일체중생이 그것을 쓰면서도 모르고, 자기가 청정한 깨달음의 모양이면서도 모르는 체, 무엇인가 구하려고만 하기 때문에, 언제든지 구하는 것으로 한정을 하고 구하는 것으로 헤매게 되고 구하는 것으로 자기 결박이 되고 본래에 있는 자리를 놓치고 만다는 말입니다. 이 구하는 것으로 헤매게 만드는 것을 무명(無明)이라고 합니다. 이 무명이라는 것이 불성을 덮고 있어서 청정본성을 보지 못할 따름입니다.

「반야품」의 핵심인 마하반야바라밀

해석

선지식들아, 세상 사람이 입으로는 종일 반야를 외나 자성 반야를 알지 못하니 마치 말로만 음식 이야기를 아무리 하여도 배부를 수 없는 것과 같아서 다만 입으로만 공(空)을 말한다면 만겁을 지내더라도 견성하지 못하리니 마침내 아무 이익이 없다.

선지식들아, '마하반야바라밀'이라는 말은 이것이 범어이니 여기 말로는 큰 지혜로 피안(彼岸)에 이르렀다는 말이다. 이는 모름지기 마음에서 행하는 것이요, 입으로 외는 데 있는 것이 아니니, 입으로 외우더라도 마음에서 행하지 않는다면 꼭두각시와 같고 허깨비와도 같으며 이슬과 같고 번개와도 같아서 실이 없으나 입으로 외고 마음으로 행한다면 곧 마음과 입이 서로 응할 것이다. 본 성품 이것이 불(佛)이니 성품을 떠나서는 따로 부처가 없다.

다음에 어떤 것을 마하(摩訶)라고 하는가? '마하'는 크다는 말이니 심량(心量)이 광대하여 마치 허공과도 같아서 가없으며 또한 모나거나 둥글거나 크고 작은 것이 없으며 청·황·적·백 등 빛깔도 아니며 위아래도 길고 짧음도 없으며 성날 것도 기쁠 것도 옳은 것도 그른 것도 없으며, 착한 것도 악한 것도 없으며, 머리도 꼬리도 없으니 제불의 국토도 또한 이와 같이 다 허공과 같으니라. 세간 사람의 묘한 성품도 본래 공하여 가히 한 법도 얻을 수 없으니 자성이 참으로 공함이 또한 다시 이와 같다.

선지식들아, 내가 지금 공을 설하는 것을 듣고 공에 집착하지 않도록 하라. 무엇보다 첫째로 공을 집착하지 말아야 한다. 만약 마음을 비워 고요히 앉는다면 곧 무기공(無記空)에 떨어질 것이다.

선지식들아, 세계 허공이 능히 만물과 색상(色像)을 갈무리고 있어 일월(日月) 성숙(星宿)과 산하대지와 샘이나 물골이나 또한 개울이나 초목 총림과 악인·신인·악법·신법·천당·지옥이며 일체 대해와 수미(須彌) 제산이 다 허공 가운데 있는 것과 같이 세인의 성품이 공한 것도 또한 이와 같다.

선지식들아, 미혹한 사람은 입으로만 말하고 지혜 있는 사람은 마음으로 행하느니라. 또한 미혹한 사람이 있어 마음을 비우고 고요히 앉아 아무런 생각도 하지 않는 것을 가리켜 스스로 큰 것이라고 일컫는다면 이러한 무리와는 더불어 말조차 하지 마라. 지견(知見)이 삿되기 때문이다.

선지식들아, 심량이 광대하여 법계에 두루하니 작용을 하면 요요분명하여 응용함에 곧 일체를 알며, 일체가 곧 하나요 하나가 곧 일체여서 거래에 자유로워 심체가 막힘이 없는 것이 이것이 반야이다.

선지식들아, 일체의 반야지는 모두가 자성에서 나[生]는 것이요 밖에서 들어오는 것이 아니니, 그릇 생각하지 않는 것을 참 성품을 스스로 쓴다 하는 것이니라. 하나가 참됨에 일체가 참되느니라. 마음은 큰일[大事]을 헤아리고 작은 도행(道行)도 행하지 않으면서 입으로는 종일 공을 말하고 마음에 이 행을 닦지 않는 이런 일을 하지 말지니 이는 흡사 범인(凡人)이 국왕을 자칭하는 것과 같아서 아무 소용없나니 이런 자는 나의 제자가 아니다.

강설

(1) 마하반야바라밀은 큰 지혜로 피안(彼岸)에 이르렀다는 말

혜능 조사는 산스크리트어인 마하반야바라밀을 중국어로 번역하면 '큰 지혜로 저쪽 언덕에 이르렀다는 말'이라고 설하셨습니다. 그러나 학문이 발전하면서 마하반야바라밀이란 어휘에 여러 가지의 뜻이 있고, 특히 반야바라밀에도 두 가지의 뜻이 있음이 밝혀졌습니다.

(2) 마하(摩訶)

산스크리트어 ‘마하(mahā)’를 『대지도론』에서는 ‘대(大)’라 번역하고 있지만, 이 외에도 ‘광대함’ ‘위대함’ 등의 여러 뜻을 가지고 있습니다. 그러나 ‘마하’라는 어휘는 이렇게 언어로 한정시킬 수 있는 것이 아닙니다. 그렇기 때문에 ‘마하’는 언제나 ‘마하’로 음역됩니다. 왜냐하면 우리들이 사용하는 언어는 언제나 상대개념이기 때문입니다. 가령 어떤 것이 크다든가 혹은 위대하다고 할 경우에 그것은 상대적일 수밖에 없습니다. 자기가 연상하고 있는 것보다 큰 것을 크다고 하고 그렇지 못할 때는 작다고 하는 것이 우리들의 사고이고, 위대하다고 할 경우에도 마찬가지 현상이 벌어집니다. ‘마하’는 이러한 상대개념을 초월한 절대적인 큼이요 위대함입니다. 결코 어떤 것과도 비교될 수 없는 큼이요 위대함입니다.

그러나 혜능 조사는 ‘마하’를 심량(心量)이 광대하여 마치 허공과 같다고 하여 마음의 크기나 모양 등을 예로 들고 계십니다. 또한 ‘마하’에서는 성낼 것도 기쁠 것도 옳은 것도 그른 것도 없으며, 착한 것도 악한 것도 없으며, 머리도 꼬리도 없는, 본래 공하여 가히 한 법도 얻을 수 없는 공(空)의 큼이라고 설하셨습니다.

(3) 공(空)에 집착하지 말라

조사께서는 심량이 광대함이 공과 같음을 듣고 사람들이 공에 집착할 것을 염려하여 그것을 경계하셨습니다. 특히 ‘마음을 비워 고요히 앉는다면 곧 무기공(無記空)에 떨어지게 된다'고 경계하십니다. 여기서 공과 무기공에 관하여 살펴보아야 할 것 같습니다. 공이란 다음에 살펴볼 반야와 같은 의미입니다. 그렇다고 공이 허공처럼 아무것도 없는 무(無)라고 생각하면 안 됩니다.

공은 허공처럼 생겼지만, 허공 속에 세상의 온갖 것을 갈무리하고 있는 것처럼 공 역시 그 속에 텅 빈 가운데 만물이 내재되어 있습니다. 그래서 혜능 조사는 '허공이 능히 만물과 색상(色像)을 갈무리고 있어 일월(日月) 성숙(星宿)과 산하대지와 샘이나 물골이나 또한 개울이나 초목 총림과 악인·선인·악법·선법·천당·지옥이며 일체 대해와 수미(須彌) 제산을 다 갈무리하는 것과 같이 공도 또한 이와 같다'고 하십니다. 공이 이와 같음을 깨닫지 못하고 아무 의식도 없이 목석처럼 고요히 있는 것을 무기공에 떨어졌다고 합니다.

(4) 일체가 곧 하나요, 하나가 곧 일체다[一切卽一 一卽一切]

승조(僧肇, 374~414) 법사가 지은 『조론(肇論)』에는 "천지는 나와 한 뿌리요 만물은 한 몸이다[天地與我同根 萬物與我一體]."라는 말이 있습니다. 천지만물과 나는 하나의 생명, 동일생명(同一生命)이라는 말입니다. 또한 의상(義相) 조사의 「법성게(法性偈)」에도 "하나가 곧 일체요, 일체가 곧 하나다[一卽一切多卽一]."라는 말이 있습니다. 마찬가지입니다. 반야지인 공에서 보면 현상계의 모든 것은 본성자리의 나툼입니다.

반야바라밀이란?

해석

선지식들아, 무엇을 '반야'라 할 것인가? 반야라 함은 여기 말로 지혜라. 일체처 일체시에 생각 생각 어리석지 아니하여 항상 지혜를 행하는 것이 곧 반야행이다. 한 생각 어리석으면 곧 반야가 끊어짐이요, 한 생각 슬기로우면 곧 반야가 생기는 것이다. 세상 사람들이 어리석고 미혹하여 반야는 보지 못하면서 입으로만 반야를 말하며 마음속은 항상 어리석으면서 항상 말하기는 내가 반야를 닦는다고 한다. 생각 생각마다 공을 말하나 진공(眞空)은 알지 못하는 것이다. 반야는 형상이 없는 것이라 지혜심이 바로 이것이니 만약 이와 같이 알면 곧 반야지라 할 것이다.

'바라밀'이란 무엇일까? 이는 서쪽나라 말인데 여기 말로는 피안(彼岸)에 이르렀다는 말이니, 곧 생멸을 여의었다는 뜻이다. 경계를 집착하면 생멸이 이[生]나니, 이는 물에 물결이 이는 것과 같아서 이것이 곧 이 언덕이요, 경계를 여의면 생멸이 없나니 이는 물이 항상 자유로이 통해 흐르는 것과 같아서 이것을 곧 피안이라 하고, 바라밀이라고 한다.

선지식들아, 미혹한 사람은 입으로만 외우므로 외고 있을 때에는 망(妄)도 있고 비(非)도 있지만 만약 생각 생각마다 행하면 이것이 곧 진성(眞性)이니라. 이 법을 깨달으면 이것이 반야법이요, 이 행을

닦으면 이것이 반야행이다. 닦지 않으면 즉 범부요, 일념 수행하면
자신이 부처와 같은 것이다.

강설
(1) 반야(般若)

반야는 산스크리트어 '프라즈냐(prajñā)'의 음역어로써 '지혜'라고 의
역(意譯)됩니다만, 혜능 조사 역시 이것을 따르고 있습니다. 그러나
『대지도론』에서는 혜(慧)라고 의역하고 있습니다. 반야에서 가장 중
요한 것은 어리석고 미혹한 생각에서 벗어나 언제나 지혜로운 삶을
사는 반야행(般若行)입니다. 그리고 이렇게 반야행을 행하는 마음이
반야지입니다.

(2) 바라밀(波羅蜜)

바라밀은 산스크리트어 '파라미타(pāramitā)'를 음역한 말입니다만,
『대지도론』에서는 도피안(到彼岸)이라 의역하고 있습니다. 능히 끝없
는 지혜의 피안에 도달케 하고 일체 지혜의 품속에 안기게 해서, 그
것을 능가하는 것이 없기 때문에 도피안이라 한다고 설명까지 붙이
고 있습니다. 혜능 조사는 도피안을 생멸을 여의었다는 뜻이라고 설
명하셨습니다.

그러나 문법적으로 바라밀에는 크게 나누어 두 종류의 해석이
있습니다. 첫째는 '극치·완성·성취'를 의미하는 말입니다. 따라서 이

첫 번째 해석에 의하면 반야바라밀은 '지혜의 완성' 또는 '극치의 지혜'라고 번역할 수 있습니다. 둘째는 '저쪽의 언덕에 가는 것·간 상태'를 의미하고 있습니다. 따라서 이 두 번째의 해석에 의하면 반야바라밀은 '지혜에 의해서 피안에 가는 것' 혹은 '지혜에 의해서 피안에 간 상태'라고 번역할 수 있습니다.

범부가 곧 불이요, 번뇌가 곧 보리[凡夫卽佛 煩惱卽菩提]

해석

선지식들아, 범부가 곧 부처요, 번뇌가 곧 보리(菩提)니 전념(前念)이 미혹하면 즉 범부요, 후념(後念)이 깨달으면 즉 부처이다. 전념이 경계에 집착하면 번뇌가 되고, 후념이 경계를 여의면 곧바로 보리이다.

선지식들아, 마하반야바라밀이 가장 높고 가장 위며 가장 으뜸이니, 현재도 없고 과거도 없으며 또한 미래도 없으니 삼세제불이 이 가운데서 나오는 것이다. 마땅히 대지혜를 써서 오온(五蘊) 번뇌 망상을 타파하라. 이와 같이 수행하면 결정코 불도를 이루리니 삼독(三毒)이 변하여 계(戒)·정(定)·혜(慧)가 되는 것이다.

선지식들아, 나의 이 법문은 한 반야로부터 팔만사천의 지혜를 낸다. 무슨 까닭일까? 세간 사람이 팔만사천의 진로(塵勞)가 있기 때문이니 만약 번뇌가 없으면 지혜가 항상 드러나 자성을 여의지 않게 된다.

　이 법을 깨달은 자는 곧 생각도 없고 기억도 없고 집착도 없어서, 거짓과 망령을 일으키지 아니하고 스스로의 진여성(眞如性)을 써서 지혜로 일체법을 관조하여 취하지도 아니하고 버리지도 않게 된다. 이것이 곧 견성이요, 불도(佛道)를 이룸이다.

강설

(1) 번뇌가 곧 보리[煩惱卽菩提]

번뇌로 고통에 처해 있는 중생이 그 번뇌를 소멸하기 위해서 깨달음이라는 보리를 얻기 위해 수행을 합니다. 그런데 혜능 조사는 "범부가 곧 부처요, 번뇌가 곧 보리"라고 말하고 계십니다. 이 말은 『유마경』에 나오는 유명한 말입니다. 『유마경』 「입불이법문품」에는 이 말 외에도 "선(善)과 불선(不善)이 둘이 아니고, 생사(生死)와 열반(涅槃)이 둘이 아니다."라고 설하고 있습니다.

　그러나 무엇보다 중요한 것은 이 둘이 아닌 상황은 범부에서 본 것이 아니고, 깨닫고 보니 생사와 열반이 둘이 아니고 번뇌와 보리가 둘이 아니라는 사실입니다. 또한 아라한과를 증득한 성인(聖人)은 집성제(集聖諦)가 곧 멸성제(滅聖諦)임을 보고 아라한이 되었다는 것입니다.

230

(2) 오온(五蘊)

오온은 산스크리트어 '판챠 스칸다(pañca-skandha)'의 한자 번역인데, 우리말로는 '다섯 가지 모임'이라고 번역할 수 있습니다. 일체 존재의 구성요소가 색(色)·수(受)·상(想)·행(行)·식(識)이라는 다섯 가지로 구분되기 때문입니다. 여기에서 말하는 색(色)은 물질, 색깔과 형상이고, 수(受)는 색깔과 형상을 느끼는 지각작용이며, 상(想)은 느낌을 행동화하고자 하는 강한 충동력이고, 행(行)은 좋은 것은 취하고 싫은 것은 버리는 행위며, 식(識)은 수(受)·상(想)·행(行)·식(識)을 총괄하고 정리하는 의식 작용입니다.

(3) 삼독(三毒)

삼독은 원만 청정한 마음을 흐리고 어둡게 하여 그 공능을 감쇄하는 세 가지 독소인데 탐욕[貪]·성냄[瞋]·어리석음[癡]이 그것입니다.

(4) 계(戒)·정(定)·혜(慧)

계(戒)·정(定)·혜(慧)를 세 가지의 배움, 삼학(三學)이라고 합니다. 계(戒)로써 탐심의 독을 제거하고, 정(定)으로써 성냄의 독을 제거하고, 지혜(智慧)로써 어리석음의 독을 제거합니다. 따라서 계(戒)·정(定)·혜(慧)가 삼독을 제거하는 묘방입니다. 그리고 이 삼학의 근본은 바로 정견(正見), 곧 지혜의 바른 안목입니다. 때문에 혜능 조사는 "불도를 이루면 삼독(三毒)이 변하여 계(戒)·정(定)·혜(慧)가 된다."라고 설하십니다.

(5) 팔만사천의 진로(塵勞)

팔만사천의 번뇌를 말합니다. 이는 번뇌를 없이 한다는 뜻이 아닙니다. 번뇌의 성품을 보는 것이니, 여기서는 번뇌가 번뇌가 아닌 것입니다.

(6) 진여성(眞如性)

진여는 산스크리트어 '타타아타(tathatā)'의 번역어로 본연대로의 모습, 진실하여 영원불변의 뜻, 존재의 본성으로 모든 차별상을 초월한 절대적인 것을 가리킵니다. 여래 법신이며 일체중생의 본성입니다. 구마라집(343~413) 스님의 제자인 도생(道生, ?~434) 스님은 진여와 관련하여 "푸른 저 대나무는 모두 진여요 울창하게 핀 노란 꽃은 반야 아닌 것 없네[靑靑翠竹 盡是眞如 鬱鬱黃花 無非般若]."라는 유명한 말을 남겼습니다.

(7) 관조(觀照)

반야를 말할 때 실상반야·관조반야·문자반야의 셋으로 구분하여 말하는 경우가 있습니다. 실상반야는 반야의 본질적인 고찰[體]인데, 이는 반야를 우리의 본성 그 자체로 보는 것이어서 언어와 사고가 미칠 수 없는 그 절대 자리로 보는 입장입니다. 관조반야는 반야의 활동에 대한 고찰[用]인데, 이는 반야를 일체법의 현상에 걸림이 없이 진실하며 절대적인 실상에서 파악하는 입장입니다. 즉 우리의 보고 듣고 말하고 가고 오는 것을 감지하는 이 지각력으로서의 반야입니다. 문자반야는 언어적인 고찰[言]입니다. 즉 반야에 대해서 언어문자로 기록해 놓은 기록으로서의 경전을 말합니다.

반야행을 닦고 『금강반야경』을 지송하라

해석

선지식들아, 만약에 깊은 법계와 반야삼매에 들고자 하면 모름지기 반야행을 닦고 『금강반야경』을 지송하라. 곧 견성하리라. 마땅히 알라. 이 공덕이 무량무변함을 경 가운데서 분명히 찬탄하셨으니 이를 다 말할 수 없다.

이 법문은 이것이 최상승(最上乘)이다. 큰 지혜 있는 사람을 위하여 설한 것이며, 상근인(上根人)을 위하여 설한 것이다. 그러므로 지혜가 적고 근기(根機)가 얕은 사람은 이 법문을 들어도 마음에서 믿음이 나지 않는다. 왜냐하면 비유를 들어 말하자면, 큰 용이 염부제(閻浮提)에 큰비를 내린다면 성읍이나 마을이 모두가 마치 대추나무 잎을 띄운 것과 같이 떠내려가겠지만, 만약 큰 바다에 비를 내린다면 늘지도 않고 줄지도 않는 것과 같다. 이와 같이 만약 대승인이나 최상승인이 『금강경』 설함을 들으면 곧 마음이 열려 깨닫게 될 것이다.

이 까닭에 마땅히 알아라. 원래 본성에는 스스로 반야의 지혜가 있어서 스스로의 지혜로써 항상 관조하므로 문자를 빌지 않는 것이, 비유하면 비[雨]와 같은 것이다. 비는 본래 하늘에서 내리는 것이 아니라, 원래 이것은 용이 일으켜서 일체중생과 일체 초목과 유정 무정으로 하여금 모두 다 윤택케 하고, 모든 냇물은 바다로 흘러들어 마침내 하나로 합치게 되나니 중생 본성의 반야의 지혜도 또한 이와 같은 것이다.

강설

(1) 반야삼매(般若三昧)에 들고자 하면

삼매란 산스크리트어 '사마디(samādhi)'의 음역으로 정(定)·등지(等持) 등으로 번역하는 말입니다. 모두 마음을 한 곳에 둔다는 뜻입니다. 따라서 이 말은 '실상반야의 부동한 깊이 속에 머물러 있고자 한다면'이라는 말입니다.

(2) 『금강반야경』을 지송하라. 곧 견성하리라

혜능 조사는 『금강경』을 배우기 위하여 동선사에 계시는 오조홍인 선사를 찾아갔고, 그곳에서 『금강경』 강설을 듣고 견성하였습니다. 이는 앞에서 말씀드린 것처럼, 오조홍인 선사가 달마 조사의 『능가경』 대신 『금강경』을 동산법문의 소의경전으로 한 것에 원인이 있다고 생각합니다. 이러한 까닭에 혜능 조사는 『금강경』으로 제자들을 가르쳤고, 경전의 주석으로 유일하게 『금강경오가해』에 육조구결(口 訣)이 전해지고 있습니다.

혜능 조사는 견성(見性)하기 위해서는 『금강경』을 지니고 독송하는 것이 가장 좋은 수행이라고 주장하십니다. 조계혜능선을 종지(宗旨)로 잇고 있는 대한불교조계종이 종헌(宗憲)으로 『금강경』을 소의경전으로 정하고 있는 것도 이유는 여기에 있습니다. 저는 지금도 『금강경』을 공부하다가 번역상 스님들 간에 상위(相違)가 보일 때는 육조구결로 판가름을 합니다.

(3) 이 법문은 이것이 최상승(最上乘)이다

『금강경』 법문이 '최상승(最上乘)'이라는 것입니다. 그러나 이 말씀은 혜능 조사가 만들어낸 것이 아니라, 『금강경』 「지경공덕분 제15」에는 "수보리야, 요점만을 말한다면, 이 경은 상상할 수도 없고, 설명할 수도 없고, 끝도 없는 공덕이 있느니라. 여래가 대승(大乘)의 마음을 낸 사람들을 위하여 이 경을 설하며, 최상승(最上乘)의 마음을 낸 사람을 위하여 이 경을 설하느니라[須菩提 以要言之 是經 有不可思議 不可稱量無邊功德 如來 爲發大乘者說 爲發最上乘者說]."라고 설시하고 있습니다. 큰 수레보다 높은 최상의 수레를 탄 수행자를 위해서 『금강경』을 설한다는 것입니다.

(4) 염부제(閻浮提)

염부제는 산스크리트어 '잠부 드위파(jambu-dvīpa)'의 음역으로 수미산 주위의 네 가지 섬[四洲] 중 하나로서 수미산 남쪽에 있고 짠물 바다에 둘러싸여 있다고 합니다. 남염부제라고도 하는데, 우리나라가 포함되어 있는 이 세계를 가리킵니다.

2
돈교법문(頓敎法門)

점수(漸修)와 돈오(頓悟)

해석

선지식들아, 근기가 낮은 사람이 이 돈교법문을 들으면 마치 뿌리가 약한 초목이 큰비를 맞으면 모두 다 쓰러져 자라지 못하는 것처럼, 근기가 낮은 사람도 또한 이와 같다. 원래 반야 지혜를 갖추고 있기는 큰 지혜 있는 사람과 조금도 차별이 없거니 어찌하여 법문을 듣고 스스로 개오하지 못할까? 이는 사견과 중한 업장과 번뇌의 뿌리가 깊기 때문이니, 마치 큰 구름이 해를 가렸을 때 바람이 불지 않으면 햇볕이 드러나지 않는 것과 같다.

반야의 지혜는 크고 작은 것이 없으나 일체중생의 마음이 어둠[迷]과 깨달음[悟]이 같지 않기 때문에 마음이 미혹하여 밖을 보고 수행하며 부처님을 찾으므로 자성은 보지 못하니, 이것은 근기가 낮은 것이다. 만약 돈교를 깨달아서 밖을 향하여 닦는 것을 집착해서 고집하지 아니하고 다만 자기 마음에서 정견(正見)을 일으켜서 항상 번뇌의 티끌에 물들지 않는다면 이것이 곧 견성이다.

강설

(1) 남돈(南頓)과 북점(北漸)

돈교법문에 관하여 『법보단경』 「제7 남돈(南頓)과 북점(北漸)」에는 이렇게 설하고 있습니다.

> "때에 조사께서는 조계의 보림사(寶林寺)에 계셨고, 신수(神秀) 대사는 형남(荊南)의 옥천사(玉泉寺)에 계셔서 양종이 크게 교화하니 사람들이 모두 말하기를 '남능북수(南能北秀)'라 하였다. 그러므로 남북 2종이 있어서 돈(頓)과 점(漸)으로 나뉘니 배우는 이들이 그 종지의 취향을 알지 못하였다. 조사께서는 대중에게 이르시었다. '법은 본래 한 종이건만 사람이 남북을 두고 법은 곧 한가지인데 지견이 늦고 빠름이 있느니라. 무엇을 돈점(頓漸)이라 하는가? 법에는 돈점이 없건만 사람에게 영특과 우둔이 있으므로 돈점의 이름이 있게 되는 것이다.' 하였다."

혜능 조사 당시에 이미 돈(頓)과 점(漸)의 문제가 야기되었고, 이에 대하여 혜능 조사는 법에는 돈점(頓漸)이 있을 수 없다고 하셨습니다. 그럼 돈(頓)과 점(漸)이 무엇인가? 대개 오래 수행하여 점차 깨달음에 이르는 교법을 점교(漸教)라 하고, 단박에 깨달음에 이르는 것을 돈교(頓教)라 하는데, 같은 선(禪)이면서 북방의 신수계(神秀系)의 선은 교학적 수단을 씀으로써 그 종풍이 자연 점오적(漸悟的)이므로 북점(北漸), 남방의 혜능계(慧能系)는 단박에 불심을 보는 것이므로 남돈(南頓)이라 부르게 된 것입니다.

(2) 자기 마음에서 정견(正見)을 일으켜서 항상 번뇌의 티끌에 물들지 않는다면 이것이 곧 견성이다

팔정도(八正道)의 첫째가 정견(正見), 즉 올바른 견해입니다. 부처님의 가르침에 기초한 세계관·인생관으로서 연기(緣起)와 네 가지 성스러운 진리의 이치를 올바르게 보는 것이 정견입니다. 그러나 여기서 혜능 조사가 말하고 있는 정견은 일반적인 정견과는 차원을 달리하고 있습니다. 혜능 조사는 모든 생각에서 자신의 본성을 여의지 않음을 말하고 있습니다. 여기에는 깨달음도 없고 깨닫지 않음도 없습니다.

왜냐하면 본성에는 미오(迷悟)나 자타의 차별이 없기 때문입니다. 불법은 정견이 근본이니, 마침내 얻는 것이 아니며 오직 바른 지견을 열뿐입니다. 이러한 자신의 본성 자체가 불성과 차별이 없다는 견해를 마음챙김해서 번뇌의 티끌에 물들지 않는다면 그것이 견성이라는 것입니다.

깨닫지 못하면 불(佛)이 중생이요,
깨달으면 중생이 불이다

해석

선지식들아, 안과 밖에 머물지 아니하고 가고 옴이 자유로워 능히 집착심을 버리면 일체에 통달하여 걸림이 없다. 능히 이 행을 닦으면 『반야경』과 더불어 본래부터 차별이 없는 것이다.

선지식들아, 일체 수다라(修多羅)와 모든 문자인 대소이승(大小二乘)의 12부경이 사람으로 인하여 있는 것이며, 지혜의 성품으로 말미암아 능히 건립된 것이다. 만약 세간 사람이 없으면 일체 만법이 본래 있을 수 없는 것이다. 이 까닭에 알아라. 만법이 본래 사람으로 인하여 일어나는 것임을!

일체의 경서(經書)도 사람을 위하여 설하게 되는데, 그 사람 가운데 어리석은 자도 있고 슬기로운 자도 있어서 어리석은 자는 소인이라 하고 슬기로운 자는 대인이라 하는 것이다. 어리석은 사람은 지혜 있는 사람에게 묻고, 지혜 있는 사람은 어리석은 사람과 더불어 법을 설하게 되는데, 어리석은 사람이 법을 듣고 홀연히 마음이 열려 깨치게 되면 곧 지혜 있는 사람과 다를 바가 없게 된다.

선지식들아, 깨닫지 못하면 부처가 곧 중생이요, 한 생각 깨달을 때 중생이 곧 부처님이다. 이 까닭에 알아라. 만법이 모두가 자기 마음에 있는 것인데, 어찌하여 자신의 마음 중에서 바로 진여(眞如) 본성을 보지 못하는가? 『보살계경(菩薩戒經)』에 이르기를 "나의 본원 자

성이 본래 청정하니 만약 자신의 마음을 알면 견성이니, 모두가 불도
(佛道)를 이루게 될 것이다."라고 하였으며, 『정명경(淨名經)』에 이르
기를 "즉시에 활연(豁然)하면 도리어 본심을 얻는다."고 하였다.

강설

(1) 안과 밖에 머물지 아니하고

혜능 조사는 "안과 밖에 머물지 아니하고 가고 옴이 자유로워 능히
집착심을 버리면 일체에 통달하여 걸림이 없다."라고 하셨습니다. 육
신과 정신, 어디에도 머물지 않는 삶이 무한의 자유를 가져온다는 말
입니다. 『임제록』에는 "어디에도 얽매이지 않는 무의도인(無依道人)
은 속박할 수 없다. 비록 오온의 번뇌로 이루어진 몸이지만, 바로 이
것이 땅으로 걸어 다니는 신통[地行神通]이다."라는 임제(?~866) 선사
의 말씀이 있습니다. 모든 집착을 버리면 일체에 통달하여 걸림이 없
어집니다. 그것이 땅으로 걸어 다니는 신통입니다.

(2) 『반야경』과 더불어 본래부터 차별이 없다

여기서 혜능 조사는 『금강경』 대신 『반야경』이라는 말씀을 하십니
다. 이유가 무엇일까요? 인도불교사를 볼 때, 부파불교의 잘못된 신
행을 타파하고 대승불교를 시작할 때 앞장선 경전이 각종의 『반야
경』입니다. 반야를 이름을 한 경전이 그만큼 많다는 방증입니다. 혜
능 조사께서도 지금까지는 『금강경』만을 이야기하다가 『금강경』만

241

『반야경』이 아닌 것을 생각하신 것입니다. 그래서 무집착의 공행(空行)을 닦는 사람은 『반야경』과 더불어 본래부터 차별이 없다고 하신 것입니다.

(3) 수다라(修多羅)

수다라란 산스크리트어 '수트라(sūtra)'의 음역으로 부처님의 직설을 기록한 경을 말합니다. 계경(契經)·정경(正經)이라 번역하는데, 율(律)·논(論)과 함께 삼장(三藏)이라 합니다.

(4) 대소이승(大小二乘)의 12부경

부처님의 일대교설인 대승경전과 소승경전을 그 경문의 성질과 형식으로 구분하여 열둘로 나눈 것을 말합니다. 수다라[經], 기야(祇夜-中頌), 화가라나[授記], 가타[孤起頌], 우타나[無問自說], 니타나[因緣], 아파타나[譬喩], 이제왈다가[本事], 자타카[本生], 비불략[方等], 아부타달마[未曾有], 우파제사[論議]라는 열두 가지입니다.

(5) 만법이 본래 사람으로 인하여 일어나는 것이다

불교를 공부하면서 『화엄경』의 "모든 것은 마음이 짓는다[一切唯心造]."라는 말을 배웠습니다. 일체가 다 마음이 지은 것이라면, 내가 보고 있는 저 나무와 꽃도 내가 만든 것인가? 내가 없으면 지금 내가 보고 있는 저 나무와 꽃은 없어지는 것인가? 하는 그런 의문이 상당한

시간 동안 있었습니다. 그리고 많은 시간이 흐른 후에야 나무의 마음이 나무를 만들고 꽃의 마음이 꽃을 만든 것에 눈이 떠졌습니다.

혜능 조사는 "만법이 본래 사람으로 인하여 일어나는 것"이라고 설하셨습니다. 조사께서는 지금 일체유심조의 도리에서 마음을 노래하고 계십니다. 나무의 마음이 나무를 만들고 꽃의 마음이 꽃을 만든 것은 사실이지만, 그 꽃과 나무를 보고 거기에 이름을 붙이고 의미를 부여하는 것은 사람의 마음입니다. A라는 사람은 그 사람의 마음이 만들었지만, A라는 사람이 큰지 작은지, 잘 생겼는지 못 생겼는지는 나[我]라는 사람으로 인하여 생기는 것입니다.

(6) 깨닫지 못하면 불(佛)이 중생이요, 깨달으면 중생이 불(佛)이다

『유마경』에서는 "번뇌와 보리가 둘이 아니고, 중생과 부처가 둘이 아니다."라고 설시하고 있습니다. 이렇게 『유마경』의 '불이법문(不二法門)'에서 보면 중생과 부처는 둘이 아니지만, 현상에서 볼 때는 깨닫지 못하면 중생이요 깨달으면 부처인 것입니다.

(7) 『보살계경(菩薩戒經)』과 『정명경(淨名經)』

『보살계경』은 『범망경(梵網經)』의 다른 이름이고, 『정명경』은 『유마경(維摩經)』을 의역(意譯)한 이름입니다.

자성을 깨달으면
즉시 불지(佛地)에 이른다[自性一悟 卽至佛地]

해석

선지식들아, 내가 인(忍) 화상 회하(會下)에서 한 번 듣고 언하에 문득 깨달아 단박에 진여본성(眞如本性)을 보았다. 그러므로 이 교법을 널리 펼쳐서 도를 배우는 사람으로 하여금 보리(菩提)를 단박에 깨닫도록 하여서, 각기 스스로 마음을 보고 스스로 본성을 보게 하는 것이다. 만약 스스로 깨닫지 못하거든 모름지기 최상승법을 아는 대선지식을 찾아서 바른길의 가르침을 받아야 한다. 이러한 선지식은 큰 인연이 있어서 이른바 중생을 교화하고 인도하여 견성하도록 하니, 일체 선법은 모두 선지식으로 인하여 능히 일어나는 것이다.

삼세제불(三世諸佛)의 십이부경(十二部經)이 모든 사람의 성품 가운데에 본래 스스로 갖추어져 있지만, 이를 능히 스스로 깨닫지 못하면 모름지기 선지식의 가르침을 구하여야 바야흐로 보게 되려니와 만약 스스로 깨친 사람은 밖으로 구할 것이 없다. 그러나 만약 외골수로 모름지기 다른 선지식의 지시를 기다려 해탈을 바라볼 수 있다고 국집한다면 이도 또한 옳지 않다. 왜냐하면 자기 마음속에 선지식이 있어서 스스로 깨닫는 것인데, 만약 삿되고 미혹한 마음을 일으켜 망념으로 전도하면, 비록 밖으로 선지식의 가르침이 있더라도 아무 소용이 없는 것이다. 만약 바르고 참된 반야를 일으켜 관조한다면, 일찰나 간에 망념이 모두 없어지는 것이니, 만약 자성(自性)을 알아 한번 깨달으면 즉시 부처님 지위[佛地]에 오르게 되는 것이다.

강설

(1) 언하에 문득 깨달아[言下便悟]

혜능 조사가 깨달음을 얻은 시간을 두고 두 가지 의론이 있습니다. 하나는 신수(神秀) 스님 게송의 대구(對句)로 노 행자가 다른 사람에게 부탁하여 게송을 구술(口述)할 때의 시간이고, 다른 하나는 오조 선사의 『금강경』 강설을 듣고 깨달음을 얻었을 때의 시간입니다. 그런데 혜능 조사는 지금 『금강경』 강설을 듣고 깨달음을 얻었을 때의 그 순간을 "홍인 화상 회하에서 한 번 듣고 언하에 문득 깨달았다."고 설하셨습니다. 이것을 근거로 소납은 『금강경』 강설을 듣고 깨달음을 얻었을 그 시간이 깨달음을 얻은 때라고 생각합니다.

(2) 단박에 진여본성(眞如本性)을 보다[頓見眞如本性]

혜능 조사는 여기서 "단박에 진여본성(眞如本性)을 보았다."고 했습니다. 여기서 중요한 것은 '단박에 보았다'는 말입니다. 한문으로 돈견(頓見)입니다. 필자는 이미 앞에서 '남돈(南頓)과 북점(北漸)'을 강설할 때 돈(頓)의 의미에 관해서 조금 살펴본 일이 있었습니다. 여기에서는 좀 더 자세하게 돈(頓)이라는 말에 관해서 고찰해 보겠습니다.

　필자는 돈(頓)을 '단박'이라고 번역했습니다. 그러나 선가(禪家)

245

에서 전통적으로는 옛날부터 돈을 '몰록'이라고 번역했습니다. 그렇지만 요즈음 사람들 중에 '몰록'이라는 말을 이해하는 사람은 거의 없을 것입니다. 때문에 이 '돈(頓)'자를 현대인이 이해할 수 있는 언어로 번역하는 것이 큰 숙제가 되고 있습니다. 그래서 흔히 '단박에' '직하에' '단번에' '문득' 등으로 번역하고 있고, 성철 큰스님은『백일법문』에서 '단박 찰나에'라고 번역하셨습니다.

그럼 '단박에 보았다'는 것은 어떤 의미일까요? 저는 이것이 비유적으로 말하면 눈을 감고 자고 있던 사람이 눈을 뜨자 바로 눈앞의 사물을 보는 그러한 상황이라고 생각합니다. 사람들이 눈을 뜰 때 조금씩 조금씩 뜨는 것은 아닙니다. 마찬가지로 진여본성을 단박에 보는 것이지 차츰 차츰 보는 것은 아닙니다. 찰나에 적면(覿面)에 현전(現前)입니다. 견성이란 이렇게 자신의 본성이 적면에 현전된 현상입니다. 이것은 본성을 해오(解悟)하는 것이 아닙니다. 지성(知性)이 아닌 견성(見性)입니다. 본성을 아는 것이 아니라, 본성을 확실히 보는 것입니다.

(3) 최상승법을 아는 대선지식

여기서의 대선지식은 세 종류의 선지식 중 법(法)만을 주는 상친우(上親友)를 말하고, 최상승법은 반야바라밀입니다. 따라서 최상승법을 아는 대선지식이란 반야바라밀을 터득하고 있는 선지식이고, 그런 사람을 찾아서 가르침을 받으라는 것입니다.

(4) 삼세제불

과거·현재·미래의 모든 부처님이라는 말입니다. 과거에 계셨던 부처님은 석가모니불을 비롯한 일곱 분이고, 현재의 부처님은 연기의 이법(理法)과 한몸이 되어 현재 법을 설하고 있는 분들이며, 미래에 오실 부처님으로 대표적인 분이 미륵부처님입니다.

(5) 스스로 깨친 자는 밖으로 구할 것이 없다[自悟者 不假外求]

과거·현재·미래의 모든 부처님의 열두 가지 종류의 경전이 모든 사람의 성품 가운데에 본래 스스로 갖추어져 있으니, 깨친 자는 밖으로 구할 것이 없다는 것입니다. 『전등록』에는 다음과 같이 기록되어 있습니다.

> 마조 선사의 제자 대주혜해(大珠慧海) 스님이 마조
> 신사를 찾아가 뵈니, 마조 신사가 물었습니다.
> "어디서 오는가?"
> "월주 대운사에서 왔습니다."
> "여기 와서 무엇을 구하려고 하는가?"
> "불법(佛法)을 구하려고 합니다."
> "자기 집의 보배창고는 돌아보지 않고 집을 떠나
> 사방으로 돌아다니면서 무엇을 구하려 하는가?
> 나에게는 한 물건도 없는데 어떤 불법을 구하려

하는가?”

그러자 혜해 스님이 절을 하고 여쭈었습니다.

“어떤 것이 혜해 자신의 보배창고입니까?”

“지금 나에게 묻고 있는 것이 너의 보배창고이다.

일체가 구족하여 조금도 모자람이 없고 사용이 자

재한데, 어찌하여 밖에서 구하려 하는가?”

이 말 끝에 혜해 스님은 크게 깨쳤습니다.

혜능 조사의 법을 이은 마조 선사의 제자인 대주 스님은 모든 사람의 성품 가운데에 본래 스스로 갖추고 있는 불성이라는 보배창고를 보고 크게 깨친 것입니다.

(6) 다른 선지식의 도움으로 해탈할 수 없다

혜능 조사는 “외골수로 다른 선지식의 지시를 기다려 해탈을 바라볼 수 있다고 국집한다면 이도 또한 옳지 않다.”고 말씀하고 계십니다. '줄탁동시(啐啄同時)'라는 말이 있습니다. 병아리가 부화되려 할 때 알 속에서 쭉쭉 빠는 소리를 내는 것을 '줄(啐)'이라 하고, 어미닭이 병아리를 까려고 껍질을 쪼는 것을 '탁(啄)'이라 하여 참선하는 제자의 직관력과 스승의 날카로운 지혜가 서로 의거함에 의해서 깨달음을 성취할 수 있다는 비유의 말입니다.

수행하는 사람은 우선 정진하여 자신의 경지인 '줄(啐)'을 갖추고 있을 때 스승의 날카로운 방편력이 '탁(啄)'으로 작용하여 대도(大道)를 성취하는 것이지, 처음부터 자신 아닌 다른 선지식에게 의지해서는 깨달음을 얻을 수는 없는 것입니다. 마조 선사의 "일체가 구족하여 조금도 모자람이 없고 사용이 자재한 보배창고인 자신의 마음"이라는 말씀처럼, 자기가 갖추고 있는 불성을 보려고 스스로 노력해야 하는 것입니다.

<h3 align="center">(7) 자성(自性)을 알아 깨달으면
즉시 부처님 지위[佛地]에 오르게 된다[若識自性 一悟 卽至佛地]</h3>

자성을 알아 깨닫는다는 것은 견성(見性)했다는 말이고, 견성하면 그 자리가 부처의 지위라는 것입니다. 곧 선문(禪門)에서 말하는 견성성불(見性成佛)의 해석이 견성하면 곧 성불이라는 것입니다. 앞의 '혜능 조사의 생애와 오도(悟道)'에서 이미 살펴본 것처럼, 홍인 선사는 노행자가 견성했음을 확인했을 때, 혜능 조사에게 "상부(丈夫)·천인사(天人師)·불(佛)"이라 하셨습니다.

<h3 align="center">안팎이 사무쳐 밝아[內外明徹]
자기의 본심을 알면 곧 해탈이다</h3>

<h4 align="center">해석</h4>

선지식들아, 지혜로 비추어 보아 안팎이 사무쳐 밝아지면 자기의 본

래 마음을 알게 되고, 만약 본래 마음을 알면 그것이 곧 해탈이다. 만약 해탈을 얻으면 곧 반야삼매(般若三昧)이고, 이것이 곧 무념(無念)이다. 어찌하여 무념이라 하는가? 만약 일체법을 보더라도 마음에 물들고 집착하지 않으면 이것이 무념이다. 작용을 일으키면 바로 일체처에 두루하지만 일체처에 집착하지 않고, 다만 본래 마음을 깨끗이 하여 육식(六識)으로 하여금 육문(六門)으로 나오더라도 육진(六塵) 중에 들지 않고 섞이지도 않는다. 오고 감에 자유롭고 통용에 걸림이 없다. 이것이 곧 반야삼매이고 자재해탈이니 그 이름이 무념행(無念行)이다.

그러나 만약 아무것도 생각하지 않고 생각을 끊는다면, 이것은 법에 속박[法縛]된 것이고, 한쪽에만 치우친 변견(邊見)인 것이다.

선지식들아, 무념의 법문을 깨달은 사람은 만법에 걸림 없이 통하고, 무념의 법문을 깨달은 사람은 제불의 경계를 보며, 무념의 법문을 깨달은 사람은 부처의 지위에 이르게 된다.

선지식들아, 뒷날 나의 법을 얻은 사람이 이 돈교법문을 가지고 견해를 같이하며, 행동을 같이하기로 원(願)을 세우고 받아 지니기를 부처님 섬기듯이 하고, 종신토록 물러서지 않는다면 틀림없이 성인의 지위에 들 것이다.

그리고 나의 법을 얻은 사람은 모름지기 위로부터 내려오면서 말없이 분부하심을 모두 전수하여 정법을 숨김이 없이 하여야 한다. 그러나 만약 견해가 같지 않고 행이 같지 않아 다른 법에 있는 사람이거든 법을 전하지 마라. 그의 앞 사람을 손해하고 마침내 아무런 이익이 없을 것이다. 저 어리석은 사람이 알지 못하고 이 법문을 비방함으로써 백겁(百劫) 천생(千生)으로 부처의 씨앗을 끊을까 두렵다.

강설

(1) 안팎이 사무쳐 밝다[內外明徹]

반야의 지혜로 비추어 보면 안팎이 사무쳐 밝다[內外明徹]고 했습니다. 무엇이 '안팎이 사무쳐 밝음'일까요? 여기 안팎이란 말과 관련하여 『육조단경』 「제4 교수좌선」에서는 이렇게 설하고 있습니다.

> "어떠한 것을 좌선이라 하느냐? 밖으로 일체 선악
> 경계를 당하여도 마음에 생각이 일어나지 않는 것
> 이 좌(坐)이고, 안으로 자성이 원래 동함이 없음을
> 보는 것이 선(禪)이다. 어떠한 것을 선정(禪定)이라
> 하느냐? 밖으로 형상을 여읨이 선(禪)이고, 안으로
> 어지럽지 않음이 정(定)이다. 만약 밖으로 형상에
> 집착하면 곧 안으로 마음이 어지럽고 만약 밖으로
> 형상을 여의면 곧 마음이 어지럽지 않게 된다."

또한 『유마경』 「제3 제자품」에서 유마 거사가 사리불에게 말하였습니다.

251

"마음이 안에도 머물지 않고 또한 밖에도 있지 않
음이 좌선이고, 모든 소견에 움직이지 않고 삼십칠
조도품을 닦아 행함이 좌선이며, 뇌로움을 끊지 않
고 열반에 듦이 좌선이다."

지금 혜능 조사와 유마 거사의 말을 통하여 '안팎이 사무쳐 밝음'의
의미를 살펴보면, 우선 안[內]이란 본성이고, 밖[外]이란 밖에 나타난
형상을 말하고 있습니다. 그리고 사무쳐 밝음이란 안으로 본성이 본
래 움직이지 않음을 보는 것이고, 밖으로 형상을 보고 어지러운 생각
을 일으키지 않는 것입니다. 즉 마음에서 일어나는 생각과 형상에 대
한 분별심에 떨어지지 않고 반야바라밀이라는 청정본심에 복귀(復
歸)할 때 안팎이 사무쳐 밝음의 경지를 체득할 수 있다는 것입니다.
그래서 「돈황본」『육조단경』에서는 내외명철(內外明徹)을 청정법신
(淸淨法身)이라 한다고 설시하고 있습니다.

(2) 본래 마음을 알면 그것이 곧 해탈이다[若識本心 卽本解脫]

본래 마음이란 진여본성(眞如本性)이고, 진여본성은 불성(佛性)이며,
불성은 반야바라밀입니다. 이 진여본성인 불성을 보면 그 자리가 그
대로 해탈입니다. 이 표현은 혜능 조사의 불성사상을 가장 잘 나타내
는 말입니다. 본성을 보고 난 후에 다른 수행을 하여 열반이나 해탈
을 증득하는 것이 아니라, 본성을 본 그 자체가 성불이고 해탈이며

열반입니다.

해탈(解脫)이란 산스크리트어 '위모크샤(vimokṣa)'의 의역으로 번뇌에 묶인 것에서 풀려 미혹의 고통에서 벗어나는 것을 말합니다. 모든 것에서 자재(自在)를 얻어서 걸림이 없는 것입니다. 법신진리인 몸을 회복해서 진리 공덕을 쓰는 것이고, 미혹의 세계를 넘었다는 뜻으로 도탈(度脫)이라고도 합니다. 해탈이라는 말이 불교의 궁극적인 목표인 열반이나 성불과 같은 의미의 표현이기 때문에, 성불 대신 이 단어를 사용하기도 합니다. 그러나 대개의 경우 깨달음이 미혹의 고통에서 벗어났다는 의미가 확실히 다가오기 때문에 열반 대신 이 말을 사용하고 있습니다.

(3) 육식(六識)·육문(六門)·육진(六塵)

육식(六識)이란 여섯 가지 감각기관[六根]이 인식하는 여섯 가지로, 눈으로 인식하는 것[眼識]·귀로 인식하는 것[耳識]·코로 인식하는 깃[鼻識]·혀로 인식하는 것[舌識]·신체로 인식하는 것[身識]·마음으로 인식하는 것[意識]입니다. 육문(六門)이란 여섯 가지 인식이 바깥으로 통하는 문으로 여섯 가지 감각기관[六根]이라 부르며, 눈[眼根]·귀[耳根]·코[鼻根]·혀[舌根]·신체[身根]·마음[意根]입니다. 그리고 육진(六塵)이란 여섯 가지 인식의 대상이 되는 여섯 가지 요소로, 색깔과 형태의 요소[色塵]·소리의 요소[聲塵]·냄새의 요소[香塵]·맛의 요소[味塵]·접촉의 요소[觸塵]·생각되어지는 요소[法塵]입니다.

(4) 법에 속박됨[法縛]

법(法)은 상이 없는 것인데도 법상(法相)을 두고 아무것도 없는 것이 법이라고 한다거나, 또는 법이라는 한 물건을 두어 국집하면 법에 얽힘이 됩니다. 법은 실로 주체적인 것이요, 대상이 될 수 있는 것이 아닙니다. 이러한 것을 모르면 법이라는 이름 밑에서 법상을 내고, 이론에 국집하여 도리어 결박이 되니, 이것이 법박(法縛)입니다.

(5) 변견(邊見)

변견은 변집견(邊執見)이라고도 하는데, 극단으로 치우쳐 집착하는 견해입니다. 아(我)가 영구불변이라는 상견(常見)이나 모든 것은 죽음과 함께 없어진다는 단견(斷見)이 모두 변견에 속합니다.

(6) 원(願)을 세우고

서원력이 공부의 진취 여부를 결정하는 동력입니다. 서원이 없이는 구경의 승리는 없습니다. 때문에 수행자는 첫째 깊은 서원을 세워야 하는 것입니다.

모양 없는 게송[無相頌]

해석

선지식들아, 나에게 한 모양 없는 게송[無相頌]이 있으니 모름지기 각자 외워서 지녀라. 재가인(在家人)이든 출가인(出家人)이든 다만 이 모양 없는 게송에 의지하여 닦아라. 만약 스스로 닦지 아니하고 오직 내 말만 외운다면 또한 아무 이익이 없다. 나의 게송(偈頌)을 들어라.

설통(說通) 및 심통(心通)이여
태양이 허공에 있음과 같네
오직 견성하는 이 법 전하여
세간에 드러내어 삿된 가르침[邪宗] 깸[破]일세.

법인즉 돈(頓)도 점(漸)도 없는 것인데
중생의 미오(迷悟) 따라 늦고 빠르네
성품 보아 부처되는 이 수승한 문을
어리석은 무리들이 어찌 다 알까.

말로 하면 만 가지로 벌어지지만
이치에 들어서면 모두가 하나
번뇌의 안개 속 어두운 집안에
지혜의 밝은 태양 항상 빛내라.

사념(邪念)일 때 번뇌가 이는 것이며
정념(正念)이면 번뇌가 가시는지라
사(邪)와 정(正) 모두 여의어 쓰지 않을 때
생멸 없는 청정지에 이르렀더라.

보리는 본래 이 자성이니
마음을 일으킬 때 즉시 망(妄)이라
정심(淨心)이란 망념 중에 있는 것이니
다만 정심(正心)이면 삼장(三障)이 없네.

세상 사람 만약에 수도하는 데는
일체 세간사가 방해 안 되니
항상 스스로 제 허물 보면
도와 더불어 서로 맞으리.

일체중생 제각기 도가 있으니
서로서로 방해 없고 괴로움 없으리
만약에 도를 떠나 도를 찾으면
목숨은 다하여도 도는 못 보리
부질없이 바쁘게 일생 보내다
백발이 찾아드니 뉘우치누나.

만약에 참된 도를 보고자 하면
행이 바름이여 이것이 도니
만약에 스스로 도심 없으면
어둠 속을 감이라 도는 못 보리.

참되게 도를 닦는 사람이라면
세상 사람 허물을 보지 않나니
만약 다른 사람 허물을 보면
도리어 제 허물이 저를 지나니
다른 사람 그르고 나는 옳다면
내가 그르게 여김이 제 허물되리.

다만 스스로 비심(非心) 버리면
번뇌는 부서져 자취는 없고
밉고 곱고에 마음 안 두니
두 다리 쭉 펴고 편히 쉬도다.

만약에 다른 사람 교화하려면
모름지기 기틀 따라 방편을 써서
저들의 의심뭉치 버리게 하라
즉시에 청정자성 드러나리라.

불법은 세간 중에 있는 것이니
세간을 여의잖고 깨닫게 하라
세간을 여의고서 보리 찾으면
흡사 토끼 뿔을 구함 같으니라.

정견(正見)은 세간에서 뛰쳐남이요
사견(邪見)은 세간 속에 파묻힘이라
사(邪)와 정(正)을 모두 다 쳐 물리치니
보리자성 완연히 드러나누나.

이 게송의 가르침이 바로 돈교며
또한 이름하여 대법선(大法船)이니
미(迷)하고 들으면 겁(劫)을 지내고
바로 들어 깨친즉 찰나간일세.

대사께서 다시 이르시었다.

"이제 대범사에서 이 돈교를 설하니 바라건대 널리 법계 중생이 언하에 견성성불(見性成佛)하여지이다."

이때에 위사군(韋史君)과 모든 관료와 도속(道俗)들이 대사의 설법을 듣고 깨우치지 않는 이가 없었으니 모두 다 일시에 일어나서 예배하면서 찬탄하였다.

"기쁘다! 어찌 영남에 부처님이 출세하심을 짐작이나 하였으랴."

강설

(1) 설통(說通) 및 심통(心通)이여

설통(說通)이란 부처님의 말씀에 통달하여 능히 중생을 위하여 걸림 없이 연설함을 말하고, 심통(心通)이란 불성(佛性)인 자신의 본성을 요달(了達)하여 일체의 허망한 경계를 여읨을 심통이라고 합니다. 여기서는 불심(佛心)에 통한 것을 허공에 비유하고 걸림 없는 설법을 빛나는 태양에 비유하고 있습니다.

(2) 정심(淨心)이란 망념 중에 있는 것이니

망념이란 무엇일까요? 본래 청정한 본성에서 형상을 인정하고, 분별을 일으키는 것은 그 모두가 망념입니다. 그러니 망념을 떠나서 따로 정심을 찾는다면 이것도 또한 잘못입니다. 곧 바로 망념의 성품에서 요달하여야 합니다. 이렇게 되니 망념이 즉 불성입니다. 망념을 없애려 하지 말고 본성을 보아야 하는 것입니다.

(3) 정심(正心)이면 삼장(三障)이 없네

삼장(三障)이란 수행을 방해하는 세 가지 장애로 번뇌장(煩惱障)·업장(業障)·보장(報障)입니다. 보장(報障)이라 함은 삼악도나 같은 인도

(人道)라도 북구로주(北俱盧洲)나 천상의 무상천(無想天)에 태어남을 말합니다. 이곳에 태어나면 극심한 고통·안이(安易)·정신작용의 정지로 인하여 수행을 할 수 없습니다. 그러나 이들 삼장(三障)은 한 생각 착각에서 벌어지는 것입니다.

(4) 항상 스스로 제 허물 보면

청정자성의 태양이 눈부시게 빛나는 데서 자기 허물은 찾을 길 없이 사라집니다. 눈을 항상 안으로 살펴야 합니다. 도는 세간의 일 속에 살아 있습니다.

(5) 일체중생 제각기 도가 있으니

일체중생 모두가 대도(大道)가 원만하게 갖추어져 있습니다. 이것은 변할 수도 빼앗길 수도 없는 본래의 것이기 때문에 일체와 통하여 걸림이 없습니다. 이것을 버리고 바깥으로 헤매어 보아도 소득은 공허일 뿐임을 강조하고 있습니다.

(6) 다만 스스로 비심(非心) 버리면

스스로를 살펴서 자기의 허물을 비추면 허물의 성품이 본래 청정함이 드러납니다. 이것이 번뇌를 부수는 것이고, 이 청정심 위에는 밉고 곱고가 아무 상관이 없는 것입니다. 이 활짝 개인 가을 하늘처럼 탁 터진 청정한 마음 바탕은 모두의 모두이니 무엇에 걸림이 있겠습니까!

(7) 만약에 다른 사람 교화하려면

중생을 교화(教化)하는 목표는 상대방으로 하여금 자신의 본성의 현전(現前)에 두고, 방법은 저들의 의심을 풀게 하되 방편을 시설하라는 것입니다.

(8) 불법은 세간 중에 있는 것이니

불법과 세간이 다른 것이 아닙니다. 세간의 일이 바로 불법인 까닭에 세간을 여의고 깨달음을 찾는다면 있을 수 없습니다.

(9) 정견(正見)은 세간에서 뛰쳐남이요

세간에서 뛰쳐난다 함은 세간을 떠나는 것입니다. 그러나 실질적으로는 세간에 있되 아상(我相)을 여의고 자성을 보는 것이어야 합니다. 자성을 보지 못하였다면 세간을 떠났어도 역시 세간입니다. 왜냐하면 세간을 보는 상(相)이 세간이며 실로는 세산이 세간이 아니기 때문입니다.

(10) 사(邪)와 정(正)을 모두 다 쳐 물리치니

삿됨[邪]과 바름[正]은 상(相)이 있음에서 비롯합니다. 상이 없는데 어느 곳에 삿됨과 바름이 있겠습니까? 이곳에는 본성의 만월(滿月)이 명랑하게 빛날 뿐입니다.

(11) 또한 이름하여 대법선(大法船)이니

중생이 상에 머물러 지견을 일으키므로 생사(生死)의 고통바다가 깊어지는 것입니다. 그러나 생사출몰의 성품을 요달하면 곧 생사에서 생사를 여의게 됩니다. 때문에 이것을 이름하여 생사고해를 벗어나는 대법선이라 합니다.

(12) 영남에 부처님이 출세하심

혜능 조사를 지칭(指稱)하여 "부처님이 출세하셨다."고 말하고 있습니다. 이 부분은 달마 조사에 대해서도 마찬가지입니다. 『이입사행론 장권자』에는 달마 조사에 의지하여 수행하던 동료들 간의 편지가 있습니다. 그 편지 중에 "저는 지금까지 훌륭한 선배의 뒤를 이어 제행(諸行)을 수습하고 항상 정토를 사모하여 부처님이 남긴 가르침을 다행스럽게도 살아있는 석가를 만날 수 있어" 운운(云云)하는 구절이 있습니다. 이 구절은 「돈황본」에서도 보이기 때문에 첨삭된 것은 아니라고 여겨집니다. 즉 달마 조사나 혜능 조사를 당시의 사람들은 살아있는 부처[生佛]라고 생각했던 것 같습니다. 그러한 생각이 인도에서 발생한 불교를 중국불교로 전환시키는 원동력이 되었다는 생각이 듭니다.

3
달마 조사와 혜능 조사를 계승한 선사(禪師)

~~~~~

회양 선사의 때 묻거나 물들여지지 않는 한 물건

달마 조사의 심종교를 계승한 혜능 조사의 선불교에 관해서는 위에
서 상세하게 살펴보았습니다. 지금부터는 혜능 조사 이후의 몇 선사
의 사상에서 이입사행과 이 마음이 그대로 부처이다[卽心是佛]라는
것이 어떻게 실천되고 있는지를 고찰해 보겠습니다.

육조혜능 조사의 법을 이은 남악회양(南岳懷讓, 677~744) 선사에
관한 기록은 많이 있지만, 여기서는 「딕이본」『육조단경(六祖壇經)』에
기술되어 있는 부분을 살펴보겠습니다.

회양 선사가 숭산(崇山) 안국사(安國師)를 찾아갔더
니, 안국사는 회양 선사를 조계(曹溪)로 인도하여
혜능 조사에게 참배하게 하였다. 조사께서 물었다.
"어디서 왔느냐?"
"숭산에서 왔습니다."
~~~~~

"어떤 물건이 이와 같이 왔는가?"

("어떤 물건이 이와 같이 왔는가?"의 물음에 아무 대답도 못하고, 물러나서 궁구하기 8년 만에 이렇게 대답을 하였다고 한다.)

"설사 한 물건이라고 말하여도 맞지 않습니다."

"가히 닦아서 증득할 수 있는 것이냐?"

"닦고 증득함이 없지는 않사오나 때 묻거나 물들여지지는 않습니다."

조사께서 말씀하셨다.

"때 묻지도 물들지도 않는 이것이 모든 부처님께서 두호하여 생각하시는 바이시니라. 네가 이미 이러하고 내가 또한 이러하다. 서천 반야다라(般若多羅) 존자가 예언하시기를 '네 발밑에 한 망아지가 나와서 천하 사람을 밟아 죽이리라.' 하였으니 너는 마땅히 명심하고 속히 법을 펴려고 서두르지 마라."

이에 회양이 활연히 계합하고 조사를 좌우에서 모시기를 15년에 이르면서 날로 깊고 오묘한 경지를 더하여 갔다.

여기 혜능 조사와 회양 선사의 대화에서 우리들이 주목해야 할 대목은 회양 선사의 "닦고 증득함이 없지는 않사오나 때 묻거나 물들여지지는 않습니다."라는 구절입니다. 왜냐하면 이 말씀의 원형은 이미 달마 조사의 이입사행의 구조에 포함되는 것이기 때문입니다. 이입으로서의 벽관으로 모두 정리되기 때문입니다. 사행은 모두 세간과의 타협이며 벽관을 완성하기 위한 조건이라고 할 수 있습니다. 사념처와의 차이는 바로 여기에 있습니다.

도(道)는 닦을 것이 없다

남악회양 선사의 법을 이은 마조도일(馬祖道一, 709~788) 선사의 오도(悟道)에 관해서 『마조록』에서는 이렇게 서술하고 있습니다.

당(唐) 개원(開元, 713~742) 연주에 형악의 반야사 전법원(傳法院)에서 선정을 닦던 중 회양 선사를 만났는데, 회양 선사는 마조 스님의 근기를 알아보고 물으셨다.

"대덕(大德)은 좌선하여 무엇을 하려하시오?"

"부처가 되고자 합니다."

회양 선사는 암자 앞에서 벽돌 하나를 집어다 갈기 시작했다. 그러자 마조 스님이 여쭈었다.

"벽돌을 갈아서 무엇을 하시렵니까?"

"거울을 만들려하네."

"벽돌을 간다고 어찌 거울이 되겠습니까?"

"벽돌을 갈아서 거울을 만들지 못한다면 좌선을 한
들 어떻게 부처가 될 수 있겠는가?"
"그러면 어찌해야 되겠습니까?"
"소 수레에 멍에를 채워 수레가 가지 않으면 수레
를 쳐야 옳겠는가, 소를 때려야 옳겠는가?"
스님이 대꾸가 없자 회양 선사가 다시 말씀하셨다.
"그대는 앉아서 좌선을 배우느냐 앉은 부처를 배우
느냐. 좌선을 배운다고 선(禪)은 앉거나 눕는 데 있
지 않으며, 앉은 부처[坐佛]를 배운다고 하면 부처
님은 어떤 모습도 아니다. 머묾 없는 법에서는 응
당 버리거나 취하지 않아야만 한다. 그대가 앉은
부처를 구한다면 부처를 죽이는 것이며, 앉은 부처
에 집착한다면 그 이치를 깨닫지 못한 것이다."
가르침을 듣자, 마조 선사는 마치 제호(醍醐)를 마
신듯하여 절하고 여쭈었다.
"어떻게 마음을 써야만 모습 없는 삼매[無相三昧]에
부합하겠습니까?"
"그대가 심지법문(心地法門)을 배우면 씨앗을 뿌림
과 같고, 법요(法要)를 설함은 저 하늘이 비를 내려
적셔주는 것과 같다. 그대의 인연이 맞았기 때문에
마침 도를 보게 된 것이다."

다시 여쭈었다.

"도가 모습[色相]이 아니라면 어떻게 볼 수 있겠습니까?"

"심지법안(心地法眼)으로 도를 볼 수 있으니, 모습 없는 삼매도 그러하다."

"거기에 생성과 파괴가 있습니까?"

"생성과 파괴, 모임과 흩어짐으로 도를 보는 자는 도를 보는 것이 아니다. 나의 게송을 들거라."

> 심지는 모든 종자를 머금어
> 촉촉한 비를 만나면 어김없이 싹튼다
> 삼매의 꽃은 모습 없는데
> 무엇이 파괴되고 또 무엇이 이루어지랴.

마조 선사가 큰스님 덕분에 깨침을 얻어 마음이 초연하였으며, 10년을 시봉하면서 그 경지가 날로 더하였다.

지금 살펴본 것처럼, 마조 스님은 회양 선사의 말씀아래서 깨달음을 얻습니다. "수레가 가지 않으면 수레를 쳐야 옳겠는가, 소를 때려야 옳겠는가?"라는 회양 선사의 물음에 대꾸가 없었다는 것은 "어떤 것이 소를 때리는 것이냐?"라는 말없는 질문입니다. 회양 선사는 소를 때리는 방법을 일러줍니다. "부처는 모습이 아니고, 머묾 없는 법에서는 버리거나 취함이 없다."라고. 회양 선사와 마조 스님, 혜능 조사와 회양 스님 사이에는 제자를 깨달음으로 인도하고자 하는 간절한 말씀이 있습니다.

이러한 스승과 제자 간의 대화를 '사수(師授) 또는 면수(面授)'라고 한다는 말씀을 앞에서 했습니다만, 이것이 달마교단의 벽관을 전하는 독특한 교수법입니다. 이렇게 해서 깨달음을 얻은 제자들은 달마 조사가 체득(體得)한 그 법을 그대로 계승합니다. 마조 선사는 입실제자(入室弟子)가 139명이라고 기록되어 있는데, 이 말은 선사의 전법교화의 역량을 잘 나타내 주고 있습니다.

마조 선사

중국 당나라 시대의 선(禪)에서 주류(主流) 내지 기조(基調)를 확립한 어른은 마조 선사입니다. 위에서 혜능 조사가 회양 선사에게 했다는 "서천 반야다라(般若多羅) 존자가 예언하시기를 네 발밑에 한 망아지가 나와서 천하 사람을 밟아 죽이리라."는 말에서 '한 망아지'가 마조 선사라는 것이 선문(禪門)의 통설입니다.

마조 선사가 설한 법문은 그 전까지의 불교와는 차원이 완전히 달랐습니다. 물론 마조 선사의 법문은 달마 조사가 중국에 와서 새롭게 창시하고 혜능 조사가 선불교로 확립한 불교입니다. 반야다라 존자의 예언처럼 마조 선사가 천하 사람들을 선불교로 인도했습니다. 『마조록』「시중」에서 기술하고 있는 선사의 법문 내용을 살펴보겠습니다.

그대들 납자(衲子)여, 각자 자기 마음이 부처임을 믿도록 하라. 이 마음이 바로 부처이다. 달마대사가 남천축국에서 중국에 와서 상승(上乘)인 일심법(一心法)을 전하여 그대들을 깨닫게 했다. 그리고는 『능가경』을 인용하여 중생의 마음바탕을 확인[印]해 주셨으니, 그대들이 완전히 이 일심법이 각자에게 있음을 믿지 않을까 염려하였던 것이다.

그러므로 『능가경』에서는 '부처님 말씀은 마음[心]으로 종(宗)을 삼고, 방편 없음[無門]으로 방편[法門]을 삼는다. 그러므로 법을 구하는 이는 구하는 바가 있어서는 안 된다. 마음 밖에 따로 부처가 없고, 부처 밖에 따로 마음이 없기 때문이다.' 하셨다. 선을 취하지도 말고 악을 버리지도 말라. 더럽고 깨끗한 두 개의 대립에 의존하지 말고, 죄는 본래 공한 것이라고 속속히 알라. 일념도 얻을 것이 없다. 그것 스스로 실체가 없기 때문이다.

그러므로 삼계가 오직 마음일 뿐[三界唯心]이며, 삼라만상은 하나의 진리가 자국을 남긴 것에 지나지 않는다. 우리가 대상화하고 있는 물질은 모두 마음에 지나지 않으며, 마음 역시 마음 스스로 마음이 될 수 있는 것이 아니라, 물질로 인하여 존재하는 것에 지나지 않는다. 그대들이 늘 말하는 현상[卽事]과 본체[卽理] 어느 것에도 걸림이 없으면 깨달음의 성과도 이와 같다.

마음이 만들어 낸 것을 물질이라고 이름붙일 뿐, 물질이 공함을 알게 되면 만들어 냈어도 아무것도 생기는 것이 아니다. 이와 같을진대, 수시로 몸에 옷을 걸치고 밥을 먹고, 부처될 태아[聖胎]를 기르면서 운에 맡겨 세월을 보내는 것 외에 따로 무엇이 있겠는가.

도(道)는 닦을 것이 없으니 물들지만 말라. 무엇을 물듦이라 하는가? 생사심(生死心)으로 작위와 지향이 있게 되면 모두가 물듦이다. 그 도를 당장 알려고 하는가? 평상심(平常心)이 도이다. 무엇을 평상심이라 하는가? 조작이 없고, 시비가 없고, 취사(取捨)가 없고, 단상(斷常)이 없으며, 범부와 성인이 없는 것이다.

마조 선사는 먼저 "이 마음이 바로 부처이다."라고 선언합니다. 이어서 달마 조사가 수행의 근거로 삼았던 『능가경』의 "법을 구하는 이는 구하는 바가 있어서는 안 된다. 마음 밖에 따로 부처가 없고, 부처 밖에 따로 마음이 없다[心外無別佛 佛外無別心]."는 법문을 인용하고 있습니다.

달마 조사에서부터 마조 선사까지는 이미 300여 년의 시차가 있습니다. 그런데도 마조 스님의 말은 그대로 달마 조사가 주창한 심종교를 계승하고 있습니다. 또한 "법을 구하는 이는 구하는 바가 있어서는 안 된다."고 설하여서, 달마 조사가 수행의 실천덕목으로 했던 사행(四行) 중 무소구행에 대한 해설을 하고 있습니다.

대매법상(大梅法常) 선사

중국 당대(唐代) 선의 경우, 마조 선사의 "마음 밖에 따로 부처가 없고, 부처 밖에 따로 마음이 없다."는 법문은 "이 마음이 그대로 부처이다[卽心是佛]."라는 가르침으로 변혁되어서 선문(禪門)의 가장 기본적인 정의가 됩니다. 따라서 마조 선사의 이 즉심즉불의 법문을 듣고 깨달음을 얻기 위해서 많은 납자들이 마조 선사를 찾아옵니다. 그 납자 가운데 한 사람으로 마조 선사의 법을 이은 대매법상 스님이 있습니다. 『전등록』〈제7권〉에 수록되어 있는 법상 선사에 대해서 살펴보겠습니다.

선사는 어릴 때 형주 옥천사에서 스님이 되었는데,
처음 마조 선사를 뵈올 때 여쭈었습니다.

"어떤 것이 부처입니까?"

"마음이 곧 부처이니라."

선사는 즉석에서 크게 깨달았습니다. 당의 정원(貞元) 때에 천태산 근방의 대매산에서 토굴을 짓고 살았습니다.

이때에 염관(鹽官) 선사 밑에서 수행하던 어떤 스님이 이 산에 와서 주장자를 베다가 길을 잃고 토굴에까지 와서 법상 선사에게 물었습니다.

"화상께서는 얼마 동안 여기에 계셨습니까?"

"사방의 산이 푸르렀다 누래졌다 하는 것을 보았을 뿐입니다."

"산을 벗어나는 길은 어느 쪽에 있습니까?"

"냇물을 따라서 가십시오."

그 스님이 돌아와 염관 선사에게 말하니 염관 선사가 말했습니다.

"내가 강서(江西)에 있을 때에 어떤 스님을 만난 적이 있는데, 그 뒤로는 소식을 몰랐어. 혹시 그 스님이 아닐까?"

그리하여 어떤 스님을 보내서 법상 선사를 나오라

하니, 선사가 게송으로 대답했습니다.

앙상한 고목이 묵은 숲에 섰으니
몇 차례 봄이 와도 변할 줄 몰랐네
나무꾼이 보고도 본체만체 하거늘
솜씨 좋은 목수는 무엇하러 애써서 찾는가.

마조 선사가 이 말을 듣고 제자인 법상 스님을 떠보기 위하여 한 스님을 보내서 이렇게 묻게 하였습니다.

"화상께서는 마조 선사를 뵙고 얻은 것이 무엇이기에 여기에 사십니까?"

"마조 선사께서 나에게 이르시기를, 마음이 곧 부처라 하시기에 나는 여기에 와서 산다."

그 스님이 말했습니다.

"마조 선사가 요사이에는 다시 '마음도 아니고 부처도 아니다[非心非佛]'라고 설하십니다."

법상 선사가 말했습니다.

"그 늙은이가 사람 속이기를 그칠 날이 없구나. 자기 멋대로 마음도 아니고 부처도 아니라 하나, 나는 나대로 마음이 곧 부처라 하리라."

그 스님이 돌아와 마조 선사에게 이 사실을 말하니 마조 선사가 듣고 말씀하셨습니다.

"대중이여, 매실[梅子=법상]이 잘 익었구나."

이로부터 대중이 차츰 늘어서 법상 스님의 도가 더욱 드러났습니다. 어느 날 법상 스님이 상당하여 대중에게 말씀하셨습니다.

"그대들 모두가 제각기 마음을 돌이켜서 근본을 통달하려 할지언정 끝을 좇지 말라. 근본을 얻기만 하면 끝은 저절로 오게 된다. 만일 근본을 알고자 하면 오직 스스로의 마음을 아는 일 뿐이다. 이 마음은 원래 온갖 세간과 세간 밖의 법의 근본이다. 그러므로 마음이 나면 온갖 법이 나고 마음이 멸하면 온갖 법이 멸한다. 마음에는 온갖 선악을 붙이지 않지만, 마음을 내되 본래부터 여여(如如)하다."

어떤 스님이 여쭈었습니다.

"어떤 것이 불법의 대의입니까?"

"장포 꽃·버들 솜·대 바늘·삼실이니라."

법상 스님은 "이 마음이 그대로 부처이다."라는 마조 선사의 언구아래서 깨달음을 얻었습니다. 선사의 입실제자 139명 중에서 비교적 초기의 제자로 생각됩니다. 법상 선사는 대중스님들을 향해서 "마음이 나면 온갖 법이 나고 마음이 멸하면 온갖 법이 멸한다. 본래부처인 근본 마음은 선악(善惡) 이전의 한 물건이고, 그 한 물건은 여여하게 작용한다.”고 설하십니다. 어떤 것이 여여하게 작용함인가? ‘장포 꽃·버들 솜·대 바늘·삼실’이라고 법상 선사는 말씀하십니다.

　　본래부처인 마음의 창조물이 장포 꽃·버들 솜·대 바늘·삼실임을 법상 선사는 여실히 보았습니다. 그러한 깨달음의 증득이 있었기 때문에 마조 선사가 요사이는 “마음도 아니고 부처도 아니다[非心非佛].”라고 설한다고 해도, “자기 멋대로 마음도 아니고 부처도 아니라 하나, 나는 나대로 마음이 곧 부처라 하리라.”고 자신 있게 말할 수 있었습니다.

도(道)는 닦고 증득하는 것이 아니다

마조 선사는 다음으로 “도(道)는 닦을 것이 없으니 물들지만 말라.”고 설하셨습니다. 도라는 것은 닦고 증득(證得)하는 그런 물건이 아니라는 가르침입니다. 스승인 회양 선사의 “닦고 증득함이 없지는 않지만, 그것은 결코 때 묻거나 물들여지는 물건이 아니다.”라는 말씀과 똑같습니다. 역시 그 원형은 달마 조사의 이입사행에 있습니다. 벽관수행에 있습니다.

　　앞에서도 말씀드린 것처럼, 벽관수행이란 부처가 자신을 보고 있다는 사실을 직시하는 수행입니다. 여기서 우리는 내 생명인 부처님에 대한 개념을 올바르게 해야 합니다. 완전하신 부처님은 완전한 채로 온 우주에 편만(遍滿)하시고, 일체 시공(時空) 가운데 편만(遍滿)하시고, 일체 시공이 다한 후에도 편만(遍滿)하시고, 시공이 열리기 이전에도 편만(遍滿)하시고 이렇게 한정지을 수 없는 절대입니다. 부처님은 물들고 물들지 않고 하는 존재가 아닙니다.

우리가 나를 찾아서 여기서 깨달음의 진리를 구한다고 하면 어디서 구할 것인가? 어디서 구할 것이 아니라 처처(處處)에서 만나는 것입니다. 누군가 나에게 "여보게" 하고 불러도 "예", "이서방" 하고 불러도 "예"라고 대답하고, 누가 내 몸을 건드려도 금방 알고 다 통합니다. 만인의 생명이 부처님의 진리 그 자체입니다.

부처님의 생명을 떠나서는 아무것도 존재하는 것이 없습니다. 있는 것은 부처님의 진리 그것뿐입니다. 부처님의 진리가 이와 같이 일체에 두루하고 일체중생에게 응하고 자재하게 쓰이고 어디 없는 데가 없습니다. 청정하고 절대적이고 홀로 이것뿐인, 부처님의 진리 밖에 다른 것이 없는 것이 진리의 한 단면이며 한 모습입니다. 모습을 비추어보아서 변별이 있거나 여기는 있고 저기는 없고, 옛날은 있고 지금은 없고, 지혜 있는 사람에게는 있고 지혜 없는 사람에게는 없고, 이런 것을 진리라고 하고 법이라 하면 그것은 잘못 본 것입니다. 부처님은 처처에서 우리가 만나는 것입니다. 그러므로 일체처(一切處), 어느 곳이든 부처님 아니 계신 곳이 없습니다. 벽관수행에서의 벽은 이와 같은 부처님입니다.

평상심이 도(道)다

마조 선사는 또한 "도를 당장 알려고 하는가? 평상심이 도다[平常心是道]."라고 설하셨습니다. 마조 선사의 이 법문은 남전보원(南泉普願, 748~835) 선사로 이어져 달마 조사의 벽관수행과 혜능 조사의 선불교를 더욱 빛나게 합니다. 『조주록』을 통하여 남전 선사의 법문을 살펴보겠습니다.

조주 스님이 처음으로 은사스님을 따라 행각하다가 남전 선사 회하에 이르렀다. 은사스님이 먼저 인사를 드리고 나서 조주 스님이 인사를 드렸는데, 남전 선사는 그때 방장실에 누워계시다가 스님이 오는 것을 보고는 불쑥 물었습니다.

"어디서 왔느냐"

"서상원(瑞像院)에서 왔습니다."

"상서로운 모습[瑞像]은 보았느냐?"

"상서로운 모습은 보지 못하였습니다만, 누워계신 여래를 보옵니다."

남전 선사는 이에 벌떡 일어나 물었다.

"너는 주인 있는 사미냐, 주인 없는 사미냐?"

"주인 있는 사미입니다."

"누가 너의 주인이냐?"

"정월이라 아직도 날씨가 차갑습니다. 바라옵건대
큰스님께서는 기거하심에 존체 만복하소서."
남전 선사가 유나(維那)를 불러 말씀하셨다.
"이 사미에게는 특별한 곳에 자리를 주도록 하라."
어느 날 스님이 남전 선사께 여쭈었습니다.
"무엇이 도(道)입니까?"
"평상시의 마음이 도이니라."
"그래도 닦아 나아갈 수 있겠습니까?"
"무엇이든 하려들면 그대로 어긋나버린다."
"하려고 하지 않으면 어떻게 이 도를 알겠습니까?"
"도는 알고 모르고에 속하지 않는다. 안다고 하는
것은 헛된 지각[妄覺]이며, 모른다는 것은 아무런
지각도 없는 것[無己]이다. 만약 의심할 것 없는 도
를 진정으로 통달한다면 허공같이 툭 트여서 넓은
것이니, 어찌 애써 시비를 따지겠느냐?"
스님께서는 이 말 끝에 깊은 뜻을 단박 깨닫고 마
음이 달처럼 환해졌다.

남전 선사는 마조 선사의 "도(道)는 닦을 것이 없으니 물들지만 말라.
그 도를 당장 알려고 하는가? 평상심(平常心)이 도이다."라는 두 구절
의 법문 중에서 '평상심이 도'라는 법문으로 달마 조사의 벽관을 자

기화하고, 이것으로 조주라는 큰 동량(棟樑)을 얻었습니다. 사실 동북아 3국인 한국·중국·일본의 선불교에서 조주 선사가 차지하는 비중은 다른 선사들과 비교할 수 없을 만큼 지대합니다. 조주 선사가 고불(古佛)이라고 칭송받는 것에는 그럴만한 이유가 있는 것입니다. 하여튼 조주 선사의 법문에 관해서는 아래에서 다루기로 하고 우선 '평상심이 도'라는 그 평상심에 관해서 고찰해 보겠습니다.

평상심이 도[平常心是道]의 의미

'평상시의 마음이 도'라는 법문 아래서 깨달음을 얻은 조주 선사는 120년을 사신 스님입니다. 때문에 수많은 법문을 남기셨고, 그 법문 가운데 일부는 간화선의 화두가 되어 지금도 선원의 수좌(首座)들이 참구하고 있습니다. 이렇게 지금도 살아서 숨 쉬고 있는 화두 가운데 하나가 『무문관』〈제19칙〉의 '남전 화상의 평상시도(平常是道)'입니다. 아래에서 무문(無門, 1183~1260) 선사의 설명과 게송을 통해서 평상 때의 마음이 왜 도(道)인지를 살펴보겠습니다.

무문혜개(無門慧開) 선사는 남전 선사의 법문 아래서 깨달음을 증득한 조주 스님에 관해서 언급한 후에 이렇게 말씀합니다.

남전 화상은 제자 조주의 질문을 받고 곧장 기와
가 깨어지는 것처럼, 얼음이 녹아 버린 것처럼, 모

든 것이 자취가 없어져 어떠한 설명도 할 수 없었
다. 조주가 이에 비록 깨달았다고 해도, 그 깨달음
이 몸에 배기까지 또 30년이나 더 참구해야 할 것
이다. 게송으로 말한다.

춘유백화추유월(春有百花秋有月)
하유량풍동유설(夏有涼風凍有雪)
약무한사괘심두(若無閑事掛心頭)
편시인간호시절(便是人間好時節)

봄에는 백화가 만발하고 가을에는 달이 있네
여름에는 서늘한 바람, 겨울에는 흰눈이 있다
만약에 쓸데없는 일을 마음에 두지 않는다면
그 사람의 삶은 하루하루가 기쁨의 날이네.

남전 선사의 '평상심이 도'라는 법문에 대해서는 무문 선사를 비롯한
수많은 선사들이 나름대로의 지견으로 송(頌)을 붙였습니다. 그러한
송 가운데 가장 독보적인 송이 무문 선사의 송이 아닐까 생각합니다.
요즈음 서구(西歐)에서 불교의 수행이 붐을 일으키고 있고, 그 수행자
들 중 몇몇은 선(禪)에 관한 책을 출판하기도 했는데, 대부분이 무문
선사의 이 게송을 칭송하고 있는 것을 읽은 적이 있습니다. 소납도

주로 교학 위주로 공부를 하다가 40대 중반이 되어서야 조사어록을 만나게 되었는데, 그때 이 게송을 대하고 황홀했던 감흥이 지금도 새롭게 느껴집니다.

개한테는 불성이 없다

남전 선사의 '평상심이 도'라는 법문은 그 제자인 조주종심(趙州從 諗, 778~897) 선사에게로 이어지면서, 조주 선사의 법문은 선문(禪 門)에 일대 변혁을 가져왔습니다. 그 이전까지의 선문은 덕산(德山, 782~865) 선사처럼 몽둥이를 휘두르는 방(棒)과 임제(臨濟, ?~866) 선 사처럼 고함을 치는 할(喝)이 대세를 이루고 있었습니다.

그러나 조주 선사의 등장으로 방(棒)과 할(喝) 대신 조주의 입술 에는 빛이 발한다는 의미의 구순피선(口脣皮禪)이란 말이 생겼습니 다. 어떤 말을 참구하는 선으로 바뀌게 된 것입니다. 이렇게 화두가 된 조주 선사의 법어 몇 가지를 『벽암록』과 『무문관』 『종용록』에서 우선 살펴보겠습니다.

『무문관』에는 3개, 『벽암록』에는 11개, 『종용록』에는 4개의 화 두가 조주 선사의 법어로 기록되어 있습니다. 물론 여기에는 세 어록 에 함께 실려 있는 법어도 있습니다만, 세 「선어록」 가운데 중국 당나 라 때부터 오늘날까지도 가장 많이 참구된 것이 『무문관』 〈제1칙〉이 고, 『종용록』 〈제18칙〉인 '조주 화상의 개[趙州狗子]'라는 화두입니다.

흔히 '조주의 무자(無字)화두'라고 부르고 있습니다만, 『조주록』에는
다음과 같은 법어로 되어 있습니다.

> 조주 선사께서 대중에게 말씀하셨다.
> "내 오늘 저녁 답을 하겠으니, 물을 줄 아는 사람은
> 나오너라."
> 한 스님이 나오자마자 절을 하니 선사께서 말씀하
> 셨다.
> "예전에는 구운 벽돌을 던지고 구슬을 빼앗아오려
> 하였더니 이젠 굽지 않은 벽돌뿐이로구나."
> 한 스님이 여쭈었다.
> "개도 불성이 있습니까?"
> "없다."
> "위로는 모든 부처님으로부터 아래로는 개미까지
> 모두 불성이 있는데, 어째서 개한테는 없습니까?"
> "개에게는 업식의 성품이 있기 때문이다."

이 법어를 무문 선사는 아래와 같은 화두로 만들어 참구하게 했습
니다.

> 조주 화상은 어떤 스님이 "개도 불성이 있습니까?"

라는 질문에 조주는 "없다[無].''라고 대답했다.

'조주 화상의 개' 화두는 "일체중생은 전부 불성을 가지고 있다[一切衆生 悉有佛性].''는 『열반경』의 법문을 믿는 것에서부터 시작됩니다. 부처님께서는 모든 중생이 불성이 있다고 하셨는데, 조주 선사는 왜 '무(無)'라고 하셨는가? 이 '무(無)'라고 한 이유를 잡고, '왜?' '왜?' '왜?'를 붙들고 참구하는 수행입니다. 그런데 『무문관』을 편집한 무문 선사는 '구자무불성(狗子無佛性)'에서의 '무(無)'는 '있다[有] 없다[無]'를 떠난 세계라고 자세히 설명을 하고 있습니다. 뿐만 아니라 간화선과 관련한 책들이 수없이 출판되고, 그러한 서적에는 빠짐없이 '무(無)'의 의미를 자세히 설명하고 있기 때문에 의심이 잘 가지 않습니다.

간화선에 있어서의 화두는 의심이 관건인데, 이미 답을 알고 있는 화두를 잡고 있으니 제대로 의심이 가지 않는 것은 당연한 일인지 모르겠습니다. 화두란 의심입니다. 몸 전체로 그 문제와 하나가 되어 나아갈 수도 물러설 수도 없는 상태가 화두의 의심입니다. 이렇게 의심이란 간절하게 생겨야 하는 것인데 억지로 의심을 불러일으키고 있는 것이 선불교의 문제점이 아닌가 여겨집니다.

또 하나 개인적인 문제일 수도 있겠습니다만, 저는 이 '조주의 무자(無字)화두'를 접하고 가장 먼저 떠오른 것이 『벽암록』〈제1칙〉에 등장하는 달마 조사의 '모릅니다[不識]'라는 대답이었습니다. 참고

삼아 그 부분만 다시 보겠습니다.

> 양나라 무제가 달마 조사에게 물었다.
> "어떤 것이 성스러운 진리의 핵심[聖諦第一義]입니까?"
> 달마 조사가 말했다.
> "텅 비어서 성스러운 진리마저 없습니다[廓然無聖]."
> 무제가 물었다.
> "(그렇다면) 짐과 마주한 그대는 누구요?"
> 달마 조사가 말했다.
> "모릅니다[不識]."
> 무제는 달마 조사의 말을 알아듣지 못했다.
> (그래서) 달마 조사는 양자강을 건너 위(魏)나라로 갔다.

달마 조사는 "어떤 것이 성스러운 진리의 핵심입니까?"라는 양무제의 질문에 "텅 비어서 성스러운 진리마저 없습니다."라고 대답하고, "짐과 마주한 그대는 누구요?"라는 물음에는 "모릅니다[不識]."라고 대답하고 있습니다. 사실 『벽암록』〈제1칙〉의 관건은 달마 조사의 두 마디 말인 이 활구(活句)를 참구(參究)하는 것이고, 두 마디 말은 같은 의미를 지닌다고 할 수 있기 때문에 조주 선사의 '무(無)자'는 달마 조사의 '불식(不識)'에 다름이 아니라는 생각이 들었습니다.

　그러나 소납의 이러한 견해가 맞는 것인지 어떤지는 모르겠습니다. 이 역시 선지식들의 경책을 바라고 있습니다. 여하튼 '조주의 무자(無字)화두'에 대하여 무문 선사는 다음과 같은 게송으로 끝을 맺고 있습니다.

개한테도 불성이 있는가
온전한 제시 분명한 가르침이라
조금이라도 유무의 사이에서 머뭇거리면
곧바로 목숨을 잃게 되리라.

우리들은 무문 선사의 이 게송을 통해서 '조주의 무자(無字)화두'가 불법(佛法)의 온전한 제시며 분명한 가르침이고, 유무(有無)를 떠난 중도(中道)를 천명했다는 것까지는 알았습니다. 이것을 견성(見性)이라고 합니다. 불법의 진리인 무분별지(無分別智)를 증득했다는 것이고, 자신의 성품이 부처님과 동일한 불성(佛性)임을 증득했다는 것입니다. 다시 말하면 조주 선사가 '구자무불성'을 제시한 것은 우리들에게 해오(解悟)인 분별지가 아닌 견성(見性)인 무분별지로 인도하는 나침판입니다.

뜰 앞의 잣나무

앞에서 말씀드린 것처럼, 조주 선사의 법어는 간화선의 화두로 변용(變容)된 것이 여럿 있습니다만, 조주 선사가 몽둥이나 고함이 아닌 화두 같은 법어를 통해서 우리들에게 요구하는 것은 무엇이겠습니까? 소납은 조주 선사가 제시한 법어가 우리들에게 분별지가 아닌 무분별지의 증득을 요구하고 있는 것이라고 말씀드렸습니다.

그렇다면 조주 선사의 법어 중 '무자(無字)화두' 이외의 것은 무슨 의미를 지니고 있는 것이겠습니까? 이것을 고찰하기 전에 두 가지 법어를 살펴보겠습니다. 먼저 『벽암록』〈제30칙〉을 보겠습니다.

어떤 스님이 조주 선사에게 여쭈었다.
"들자오니 화상께서는 남전 선사를 친히 뵈었다고
하는데 사실입니까?"
조주 선사가 말했다.
"진주에는 큰 무가 난다[鎭州出大蘿蔔頭]."

조주 선사에게 어떤 스님이 여쭈어 봤다는 "들자오니 화상께서는 남전 선사를 친히 뵈었다고 하는데 사실입니까?"라는 질문은 간단히 인사하고 대화를 하는 그런 것이 아닙니다. 남전 선사는 조주 스님이 40년이나 모셨던 스승입니다. 그런데 왜 이런 식의 질문을 하고 있겠습니까? 그것은 남전 선사를 친히 뵙고 체득한 불법은 무엇인가, 조주 선사의 경지는 어느 정도인가를 탐색하고 있는 것입니다. 지금 비수를 조주 선사의 목에 대고 있는 상황입니다. 까딱 대답을 잘못했다가는 목숨이 위태로울 수도 있습니다.

이런 위급한 상황에서 조주 선사는 "진주에는 큰 무가 난다."고 가볍게 받아 넘깁니다. 혹자는 진주는 무가 많이 산출되는 곳이기 때문에, 그처럼 남전 선사를 친견한 일의 당연함을 말한 것이라고도 합니다. 그러나 그것은 아닙니다. 조주 선사의 "진주에는 큰 무가 난다."는 그 한 마디에 부처님이 가섭 존자에게 부촉한 그 불법이 온전히 담겨져 있습니다. 이 말은 해석이 불가능한 것입니다. 경전에도 없는 말입니다. 그렇다면 이것을 어떻게 해결해야 할까요?

여기서 우리들은 당대 선승들의 어록에서 선문답 100칙을 선택하여 게송을 붙인 설두중현(雪竇重顯, 980~1052) 선사의 송(頌)에서 그 해결의 실마리를 찾게 됩니다. 선사의 송은 아래와 같습니다.

진주에는 큰 무가 난다[鎭州出大蘿蔔頭]여
모든 납승들이 공안으로 삼고 있네
예나 지금이나 (이 공안을) 알고는 있지만
백조 희고 까마귀 검은 걸 어찌
구별할 수 있겠는가
도적놈, 도적놈
납승의 콧구멍을 벌써 움켜잡았구나.

그러나 소승(小僧)이라면 이렇게 읊겠습니다.

> 긴 것은 스스로 길고 짧은 것은 스스로 짧으며
> 오리는 추우면 물에 들어가고
> 닭은 추우면 홰에 오르네
> 온 누리에 기특한 일 없으니
> 먼 산에 흘러가는 구름소리를 듣는다.

다음에는 『종용록』 〈제39칙〉과 『무문관』 〈제7칙〉에 있는 '조주 화상과 발우[趙州洗鉢]'를 살펴보겠습니다.

> 조주 화상에게 어느 날 한 스님이 여쭈었습니다.
> "저는 총림에 들어온 지 아직 얼마 되지 않았습니
> 다. 모쪼록 큰스님께 가르침을 청합니다."
> "아침 죽은 먹었는가?"
> "예, 죽을 먹었습니다."
> "그럼, 바리때를 씻게나."

조주 선사의 위 법어에 대하여 혹자는 "죽을 먹었으니, 그 다음에 바리때를 씻는 것"은 당연한 일이기 때문에 특별한 의미가 있는 것은 아니라고 말하기도 합니다. 그러나 무문 선사는 "조주 선사가 입을

열어 쓸개 내보이고, 심장과 간을 몽땅 드러냈다. 그런데 이 스님은
알아듣지 못하고서 종(鍾)을 항아리라 하고 있다.”고 하면서 이렇게
송하고 있습니다.

> 불법이 너무나 분명하게 드러나서
> 오히려 깨닫기 더디다
> 등잔이 곧 불인 줄 알았던들
> 밥에는 벌써 뜸이 들었을 텐데.

다음으로 『종용록』의 편자인 천동정각(天童正覺, 1092~1157) 선사의
송을 보겠습니다.

> 죽을 먹고 나자 발우를 씻으라 하니
> 확연히 (뒤) 마음은 서로 부합됐네
> 지금의 구참 수행자들이여
> 자, 일러보라. 이 사이에 깨달음은 있는가.

그러면 소승의 견해를 읊어보겠습니다.

> 계곡물 불어나니 소리가 천지에 진동하고
> 나무그늘 넓으니 농주(農酒) 맛이 달다

땅 속에서 자라는 감자는 누런색이고
공중에서 커가는 붉은 토마토는 입맛을 돋운다.

위에서 살펴본 것처럼, 조주 선사의 법어는 달마 조사의 심종교를 중국화(中國化)하는 데 많은 기여를 했습니다. 그렇지만 이러한 조주 선사의 법어가 똑같은 비중으로 취급되지는 않았다는 생각을 소납은 하게 됩니다. 왜냐하면 부처님께서 설하신 경전에도 복이 많은 것이 있는가 하면 그렇지 못한 것도 있듯이, 달마 조사의 법어에서도 그러한 생각이 들기 때문입니다. 가령 복이 많아서 모든 불자들이 다 지송하는 『반야심경』 같은 경전이 있는가 하면, 어떤 경전은 『대장경』에 수록만 되어 있을 뿐 거의 알려지지 않은 경전도 허다합니다.

이러한 입장에서 조주 선사의 법어를 검토해 보면 가장 널리 알려진 법어로는 누구라도 '무자화두(無字話頭)'를 지목할 것입니다. 그러나 두 번째 법어를 정하는 데는 다들 망설일 것입니다. 그러나 저는 『조주록』에 설해져 있는 아래의 법어가 여기에 해당한다고 생각합니다.

조주 선사께서 상당하여 대중에게 말씀하셨다.
"이것은 너무도 분명하여 격을 벗어난 장부라도 여기를 벗어날 수는 없다. 노승이 위산(潙山)에 갔을 때 한 스님이 위산 선사에게 '무엇이 조사가 서쪽

에서 오신 뜻입니까?' 하고 묻자, 위산 선사는 '나에
게 의자를 가져다 주게' 하였다. 종사라면 모름지
기 본분의 일로 납자(衲子)를 지도해야 한다."
그때 한 스님이 여쭈었다.
"무엇이 조사가 서쪽에서 오신 뜻입니까?"
"뜰 앞의 잣나무다."
"스님께서는 경계를 가지고 학인을 가르치지 마십
시오."
"나는 경계를 가지고 학인을 가르치지 않는다."
"무엇이 조사가 서쪽에서 오신 뜻입니까?"
"뜰 앞의 잣나무다."

위의 조주 선사 법어를 『무문관』〈제37칙〉과 『종용록』〈제47칙〉에서
는 다음과 같이 공안(公案)으로 만늘어서 "뜰 앞의 잣나무다."리는 화
두로 참구하게 하고 있습니다.

조주 선사에게 어떤 스님이 여쭈었다.
"무엇이 조사가 서쪽에서 오신 뜻입니까
[如何是祖師西來意]?"
"뜰 앞의 잣나무다[庭前柏樹子]."

무슨 까닭에 조주 선사는 '조사가 서쪽에서 오신 뜻' 즉 "불법이란 무엇인가?"를 묻는 학인의 질문에 "뜰 앞의 잣나무다."라고 대답하실까?

이 화두에 대하여, 무문 선사는 "만약에 조주 선사가 대답한 말의 참된 의미를 체득한다면 이전에 석가도 없고 이후에 미륵도 없으리라."고 평하면서, 게송으로 이렇게 읊고 계십니다.

> 말로서는 진실을 모두 다 설명할 수 없고
> 언어로서 지혜작용을 모두 다 펼칠 수 없다
> 말을 받드는 사람은 자신을 상실하고
> 문자에 걸리는 사람은 미혹으로 헤맨다.

소납은 조주 선사의 법어를 접하고 공부하면서, 선사의 법어를 두 가지 형태로 나눌 수 있겠다는 생각이 들었습니다. 즉 무자화두는 무분별지인 불법의 근본을 체득하게 하는 것이고, 나머지는, 즉 "죽을 먹었으니 바리때를 씻으라."는 것과 지금의 "뜰 앞의 잣나무다."라는 것 등은 무분별지의 체득에서 현현(顯現)하여 나오는 일종의 상(相)이나 용(用)에 해당한다는 것입니다.

그러나 저의 이 생각은 소납은 나름대로 믿음을 가지고 있지만, 아직 한 번도 점검을 받아본 적이 없고, 여타의 선서(禪書)에서도 접한 일이 없기 때문에 아래의 송(頌)과 함께 제현(諸賢)의 충고와 경책

이 필요한 부분이라는 생각이 듭니다. 하여튼 "뜰 앞의 잣나무다."라
는 조주 선사의 법어에 게송으로 한 마디 붙이겠습니다.

남녘에서 온 바람이 산천을 연초록으로 수놓고
가을비 낙숫물 소리는 황금들판을 만드네
새벽의 여명(黎明)에 이슬 먹은 호박꽃이 피고
초가지붕의 하얀 박꽃은 저녁노을로 빛난다.

“무릇 있는바 상(相)은 다 이것이 허망하니,
만약 모든 상이 상 아님을 보면 바로 여래를 보리라”

凡所有相 皆是虛妄 若見諸相非相 卽見如來

그대의 마음을 가져오라

2018년 1월 9일 초판 1쇄 발행

지은이 혜담
발행인 박상근(至泓) • 편집인 류지호 • 상무 이영철 • 책임편집 주성원
편집 김선경, 이상근, 양동민, 김재호, 김소영 • 디자인 쿠담디자인 • 제작 김명환
마케팅 허성국, 김대현, 최창호, 양민호 • 관리 윤애경
펴낸 곳 불광출판사 (03150) 서울시 종로구 우정국로 45-13, 3층
　　　　대표전화 02) 420-3200　편집부 02) 420-3300　팩시밀리 02) 420-3400
　　　　출판등록 1979. 10. 10. (제300-2009-130호)

ISBN　978-89-7479-382-1 (03220)

이 도서의 국립중앙도서관 출판예정도서목록(CIP)은
서지정보유통지원시스템 홈페이지(http://seoji.nl.go.kr)와
국가자료공동목록시스템(http://www.nl.go.kr/kolisnet)에서 이용하실 수 있습니다.
(CIP제어번호: CIP2017035285)